IFRS kompakt

von
Prof. Dr. Torsten Wengel
Fachhochschule Koblenz

R. Oldenbourg Verlag München Wien

Bibliografische Information der Deutschen Nationalbibliothek

Die Deutsche Nationalbibliothek verzeichnet diese Publikation in der Deutschen Nationalbibliografie; detaillierte bibliografische Daten sind im Internet über <http://dnb.d-nb.de> abrufbar.

© 2007 Oldenbourg Wissenschaftsverlag GmbH
Rosenheimer Straße 145, D-81671 München
Telefon: (089) 45051-0
oldenbourg.de

Das Werk einschließlich aller Abbildungen ist urheberrechtlich geschützt. Jede Verwertung außerhalb der Grenzen des Urheberrechtsgesetzes ist ohne Zustimmung des Verlages unzulässig und strafbar. Das gilt insbesondere für Vervielfältigungen, Übersetzungen, Mikroverfilmungen und die Einspeicherung und Bearbeitung in elektronischen Systemen.

Lektorat: Wirtschafts- und Sozialwissenschaften, wiso@oldenbourg.de
Herstellung: Anna Grosser
Satz: DTP-Vorlagen des Autors
Coverentwurf: Kochan & Partner, München
Cover-Illustration: Hyde & Hyde, München
Gedruckt auf säure- und chlorfreiem Papier
Druck: Grafik + Druck, München
Bindung: Thomas Buchbinderei GmbH, Augsburg

ISBN 978-3-486-58406-6

Vorwort

Die IAS/IFRS sind ein (neuer) internationaler Rechnungslegungsstandard. Er ist in Deutschland für Unternehmen, die an der Börse vertreten sind bzw. dies planen, bindend. Die nach den IAS/IFRS-Regelungen aufgestellten Abschlüsse zeichnen sich vor allem durch ihre Transparenz bzw. Informationsvermittlung aus, um Kapitalgebern und Aktionären mehr Informationen als bisher üblich zu vermitteln. So sind seit 2005 alle börsennotierten Unternehmen in den EU-Ländern verpflichtet einheitlich nach den Richtlinien von IAS/IFRS zu bilanzieren. Dies wurde aufgrund der ständig steigenden Anforderungen der Kapitalmärkte erforderlich, um mehr Transparenz und Vergleichbarkeit bei der Berichterstattung zu erreichen. Innerhalb der Europäischen Union müssen ca. 7.000 Unternehmen nach IAS/IFRS bilanzieren.

Die in Deutschland geltenden Rechnungslegungsvorschriften sind im HGB geregelt und haben die Aufgabe, insbesondere beim Einzelabschluss, die Gläubiger zu schützen. Hierzu wird unter Berücksichtigung der Kapitalerhaltung und dem Vorsichtsprinzip ein dem Unternehmen entziehbarer, ausschüttungsfähiger Gewinn ermittelt. Bei der IAS/IFRS-Bilanzierung hingegen steht der Anlegerschutz der Eigen- und Fremdkapitalgeber im Vordergrund verbunden mit der Vermittlung eines hohen Informationsvolumens, um den Investoren entscheidungsnützliche Informationen für ihre Anlageentscheidungen zu geben. Dies führt im Vergleich zum Handelsrecht dazu, dass das Vorsichtsprinzip im IAS/IFRS-Abschluss eine nachrangigere Bedeutung aufweist, der Periodisierungsgrundsatz dagegen stark betont ist. Steuerrechtlich haben die IAS/IFRS-Geschäftsabschlüsse aber keine Bedeutung.

Wenngleich die Entwicklung und der Aufbau dieser Rechnungslegung noch nicht abgeschlossen ist (Anmerkung des Verfassers: und wahrscheinlich auch nie abgeschlossen sein wird), existieren mittlerweile über 41 IAS bzw. 7 IFRS, welche von einem speziell hierfür eingesetzten Komitee, dem IASC, erarbeitet und festgelegt werden.

Das vorliegende Buch soll dem Leser die Grundlagen der IAS/IFRS-Rechnungslegung vermitteln. Hierbei geht der Autor davon aus, dass der Leser bereits über Kenntnisse des handelsrechtlichen Jahresabschlusses verfügt. Insofern ist dieses Buch primär nicht für den Laien bzw. Einsteiger in die Rechnungslegung konzipiert, sondern für den Personenkreis, der seine bestehenden Kenntnisse vertiefen bzw. um die internationale Rechnungslegung der IAS/IFRS erweitern möchte.

Der Rechtsstand bei Redaktionsschluss ist März 2007.

Mein Dank für die Mithilfe bei der Erstellung dieses Buches sowie den zahlreichen Anregungen gilt Elfriede Rott, Dipl.-Bw. Sandra Schleicherdt, Barbara Neukirchen, Ruth Geisbüsch, Katja Schmitt, Annett Bittner, Geron Reuter und Mathias Schnell.

Köln, im März 2007   Torsten Wengel

Inhalt

Vorwort		V
Abkürzungsverzeichnis		XI
Abbildungsverzeichnis		XIII

1	**Grundlagen zu IFRS/IAS**	**1**
1.1	Die kontinentaleuropäische und angelsächsische Rechnungslegung	2
1.2	Die Rechnungslegungsnormen des IASB	3
1.3	Anzahl, Aufbau und Zitierweise der IFRS/IAS und des Frameworks	5
1.4	Wer muss einen Abschluss nach IFRS/IAS aufstellen?	8
1.5	Zielsetzung des IFRS/IAS-Abschlusses	8
1.6	Wer überprüft die Einhaltung der IFRS/IAS?	9

2	**Abschlussgrundsätze der IFRS/IAS gemäß Framework**	**11**
2.1	Basisgrundsätze	11
2.1.1	Grundsatz der Unternehmensfortführung	11
2.1.2	Grundsatz der periodengerechten Erfolgsabgrenzung	11
2.2	Qualitative Anforderungen an Abschlussinformationen	12
2.3	Beschränkungen der Primäranforderungen	15

3	**Allgemeine Bewertungsmaßstäbe**	**19**
3.1	Bewertungsgrößen der Vermögenswerte und Schulden gemäß Framework	19
3.2	Anschaffungs- und Herstellungskosten	19
3.2.1	Tageswert	20
3.2.2	Veräußerung- und Erfüllungsbetrag	20
3.2.3	Barwert	21
3.3	Allgemeines zu den Abschreibungen	21
3.4	Steuerliche Abschreibungen und steuerliche Rücklagenbildungen	22

3.5	Wertminderungen/ Wertaufholungen von Vermögenswerten	23
3.5.1	Wertminderungen	23
3.5.2	Wertaufholungen	28

4	**Bestandteile eines IFRS/IAS-Abschlusses**	**31**
5	**Grundsätzliches zur Bilanz**	**33**
6	**Die Aktivseite der Bilanz**	**37**
6.1	Immaterielle Vermögenswerte	40
6.1.1	Definition/ Ansatz/ Ausweis/ Anhang	40
6.1.2	Bewertung	42
6.1.2.1	Unbegrenzte Nutzungsdauer	42
6.1.2.2	Begrenzte Nutzungsdauer	43
6.1.3	Einzelne besondere immaterielle Vermögenswerte	44
6.1.3.1	Aufwendungen für die Ingangsetzung und Erweiterung des Geschäftsbetriebes	44
6.1.3.2	Gründungs- und Anlaufkosten	44
6.1.3.3	Firmen- und Geschäftswerte	44
6.1.3.4	Forschungs- und Entwicklungsaufwendungen	45
6.2	Sachanlagen	46
6.2.1	Definition/ Ansatz/ Ausweis	46
6.2.2	Bewertung	49
6.2.2.1	Zugangsbewertung	49
6.2.2.2	Folgebewertung	49
6.2.2.2.1	Zum Verkauf vorgesehene Sachanlagen	50
6.2.2.2.2	Vorübergehend ungenutzte/ stillgelegte Sachanlagen	50
6.2.2.2.3	Sachanlagen, die im Leistungserstellungs- und -verwertungsprozess genutzt werden	51
6.3	Finanzanlagen	57
6.3.1	Equity-Beteiligungen	57
6.3.2	Sonstige (übrige) Finanzanlagen	60
6.3.3	Bewertung/ Ausweis/ Anhangangaben der Equity-Beteiligungen und der sonstigen (übrigen) Finanzanlagen	61
6.4	Leasing	64
6.4.1	Finanzierungs-Leasing	65
6.4.2	Operating-Leasing	67
6.4.3	Anhang	68
6.5	Als Finanzinvestition gehaltene Immobilien	69
6.6	Vorräte	70
6.6.1	Definition/ Ansatz/ Ausweis	70
6.6.2	Bewertung	72
6.6.3	Anhang	73

6.7	Fertigungsaufträge	74
6.8	Forderungen	76
6.8.1	Ansatz und Bewertung der Forderungen aus Lieferungen und Leistungen	76
6.8.2	Ansatz und Bewertung der sonstigen vertraglich begründeten Forderungen	78
6.8.3	Ansatz und Bewertung der nicht-vertraglich begründeten Forderungen (sonstige Forderungen)	78

7 Die Passivseite der Bilanz — 81

7.1	Schulden	81
7.1.1	Rückstellungen	84
7.1.2	Verbindlichkeiten	86
7.1.2.1	Finanzielle Verbindlichkeiten	86
7.1.2.2	Sonstige Verbindlichkeiten	88
7.1.3	Abgegrenzte Schulden	88
7.1.4	Leistungen an Arbeitnehmer, Altersversorgung	89
7.1.4.1	Kurzfristig fällige Leistungen an Arbeitnehmer	89
7.1.4.2	Leistungen nach Beendigung des Arbeitsverhältnisses	89
7.1.4.3	Andere langfristig fällige Leistungen an Arbeitnehmer	91
7.1.4.4	Leistungen aus Anlass der Beendigung des Arbeitsverhältnisses	91
7.1.5	Eventualschulden	93
7.2	Eigenkapital	94

8 Gewinn- und Verlustrechnung — 99

9 Eigenkapitalveränderungsrechnung — 105

9.1	Transaktion mit Anteilseignern	105
9.2	Reinvermögensänderungen durch Gewinn oder Verlust	106
9.3	Direkt im Eigenkapital erfasste unrealisierte Gewinne	107
9.4	Darstellung der Eigenkapitalveränderungen	107
9.5	Anhangangaben zum Eigenkapital	109

10 Segmentberichterstattung — 111

10.1	Angaben im primären Berichtsformat	114
10.2	Angaben im sekundären Berichtsformat	115

11 Ergebnis je Aktie — 119

11.1	Unverwässertes Ergebnis je Aktie	121
11.2	Verwässertes Ergebnis je Aktie	122
11.3	Aussagegehalt der Kennzahl Ergebnis je Aktie	125

12	**Kapitalflussrechnung**	**127**
12.1	Aufbau und Struktur der Kapitalflussrechnung	127
12.2	Cash flow aus laufender Geschäftstätigkeit	128
12.3	Cash flow aus Investitionstätigkeit	129
12.4	Cash flow aus Finanzierungstätigkeit	129
12.5	Ermittlungsmethoden des Cash flows (Zahlungsströme)	130
12.6	Darstellungs- bzw. Gliederungsform der Kapitalflussrechnung	131
13	**Anhang**	**135**
14	**Zwischenberichterstattung**	**139**
Literaturverzeichnis		**143**
Stichwortverzeichnis		**145**

Abkürzungsverzeichnis

Abs.	Absatz
Abschr.	Abschreibungen
AG	Aktiengesellschaft
AG	Anhang (zu den einzelnen IFRS/IAS)
AHK	Anschaffungs- und Herstellungskosten
AK	Anschaffungskosten
AktG	Aktiengesetz
ARAP	Aktivischer Rechnungsabgrenzungsposten
Aufl.	Auflage
AV	Anlagevermögen
BaFin	Bundesanstalt für Finanzdienstleistungsaufsicht
BBK	Buchführung Bilanzierung Kostenrechnung (Zeitschrift)
bezgl.	bezüglich
bzgl.	bezüglich
bspw.	beispielsweise
BilKoG	Bilanzkontrollgesetz
bzw.	beziehungsweise
DB	Der Betrieb (Zeitschrift)
d.h.	das heißt
EStG	Einkommensteuergesetz
EStR	Einkommensteuerrichtlinie
EU	Europäische Union
f.	folgende
ff.	fortfolgende
F.	Framework
FiFo	First in First out
FördGG	Fördergebietsgesetz
ggf.	gegebenenfalls
GJ	Geschäftsjahr
GmbHG	Gesetz betreffend die Gesellschaften mit beschränkter Haftung
grds.	grundsätzlich

GuV	Gewinn- und Verlustrechnung
HGB	Handelsgesetzbuch
HK	Herstellungskosten
IAS	International Accounting Standards
IASB	International Accounting Standards Board
idR.	in der Regel
IFRS	International Financial Reporting Standards
iHv.	in Höhe von
inkl.	inklusive
iSd.	im Sinne des
iSv.	im Sinne von
iVm.	in Verbindung mit
KoR	Kapitalmarktorientierte Rechnungslegung (Zeitschrift)
KStG	Körperschaftsteuergesetz
lfd.	laufende
LiFo	Last in First out
lt.	laut
Nr.	Nummer
ND	Nutzungsdauer
PiR	Praxis der internationalen Rechnungslegung (Zeitschrift)
PRAP	Passivischer Rechnungsabgrenzungsposten
RSt	Rückstellung(en)
Rz.	Randziffer
S.	Satz
sog.	so genannte
StuB	Steuern und Bilanzen (Zeitschrift)
u.a.	unter anderem
u.U.	unter Umständen
UV	Umlaufvermögen
vgl.	vergleiche
WPg	Die Wirtschaftsprüfung (Zeitschrift)
z.B.	zum Beispiel
z.T.	zum Teil
z.Zt.	zur Zeit

Abbildungsverzeichnis

Abb. 1.1: Bestandteile des IASB-Regelungswerkes und ihr Verpflichtungscharakter 3
Abb. 2.1: Anzahl und Aufbau der qualitativen Anforderungsmerkmale an den IFRS/IAS-Abschluss 16
Abb. 3.1: Wertminderungstest 24
Abb. 3.2: Ablauf des Wertminderungstests 27
Abb. 4.1: Bestandteile eines IFRS/IAS-Abschlusses 32
Abb. 5.1: IFRS/IAS-Bilanz 35
Abb. 6.1: Prüfungsschema zur abstrakten und konkreten Bilanzierungsfähigkeit 39
Abb. 6.2: Ausprägungsformen des Joint Ventures 60
Abb. 6.3: Definition, Bewertung und Ausweis der Finanzanlagen 63
Abb. 6.4: Systematisierung der Leasingverhältnisse und ihre bilanzielle Behandlung 68
Abb. 6.5: Systematisierung, Bewertung und Ausweis der Forderungen 79
Abb. 7.1: Prüfschema zur Passivierung von Schulden 83
Abb. 7.2: Systematisierung der IFRS/IAS-Schulden 84
Abb. 7.3: Systematisierung, Ausweis und Bewertung der Leistungen an Arbeitnehmer ... 92
Abb. 7.4: Die Folgen der Leistungswahrscheinlichkeit im Abschluss 94
Abb. 8.1: Gesamt- und Umsatzkostenverfahren 101
Abb. 9.1: Darstellungsbeispiel Gesamteinkommensrechnung 108
Abb. 9.2: Darstellungsbeispiel Eigenkapitalveränderungsrechnung (Eigenkapitalspiegel) 108
Abb. 10.1: Tabellarische Segmentberichterstattung 116
Abb. 12.1: Bestandteile/ Aufbau der Kapitalflussrechnung 128
Abb. 12.2: Beispielhafte indirekte Ermittlung des Cash flows aus laufender Geschäftstätigkeit 131
Abb. 12.3: Aufbau der Kapitalflussrechnung 132

1 Grundlagen zu IFRS/IAS

Die Globalisierung der Weltwirtschaft sowie die damit verbundene Internationalisierung der Absatz- und Beschaffungsmärkte führen dazu, dass auch deutsche (Groß)Unternehmen die internationalen Kapitalmärkte zunehmend für ihre Finanzierungen in Anspruch nehmen. Diese gesteigerte Inanspruchnahme der Kapitalmärkte auf der einen Seite und der wachsende Wettbewerb um knappes Kapital auf der anderen Seite, hat dazu geführt, dass die kapitalnachfragenden Unternehmen ihre Informationspolitik stärker an den (vermuteten) Interessen der Investoren bzw. Anleger auf den Kapitalmärkten orientieren, die ihre Anlageentscheidungen idR. an den Informationen ausrichten, die ihnen die kapitalnachfragenden Unternehmungen zur Verfügung stellen. Instrument zur Vermittlung dieser Informationen ist vornehmlich der Jahresabschluss. Die bereitgestellten Informationen müssen deshalb für den Investor/ Anleger **entscheidungsnützlich** sein.

Hinsichtlich der Informationsqualität unterscheiden sich die auf Grundlage nationaler Rechnungslegungsnormen erstellten Abschlüsse jedoch deutlich voneinander. Deshalb werden international vergleichbare Abschlüsse mit hohem Informationsgehalt bzw. hoher Informationsqualität gefordert.

Die **kapitalmarktorientierte** Rechnungslegung in Form der IFRS/IAS versucht diesen Anforderungen zu entsprechen. Hierbei bedeutet Kapitalmarktorientierung die Rechnungslegung an den (vermuteten) Informationsbedürfnissen der Investoren auf den Kapitalmärkten auszurichten, damit sie ihre Anlageentscheidungen treffen können.

Die deutsche, durch das Handelsrecht kodifizierte, Rechnungslegung verfolgt hingegen – historisch begründet – die Zwecke der
- Gewinnermittlung und Ausschüttungsbemessung,
- Dokumentation,
- Rechenschaft und
- Kapitalerhaltung bzw. des Gläubigerschutzes.

Der dominierende Zweck der Kapitalerhaltung bzw. des Gläubigerschutzes und die darauf ausgerichteten handelsrechtlichen Regelungen können systembedingt vergleichend zu den IFRS/IAS natürlich nur bedingt die Informationsbedürfnisse der Kapitalmarktinvestoren befriedigen.

Der Kapitalerhaltungszweck zielt auf den Erhalt des Nominalkapitals und damit auf die Bestandssicherung der bilanzierenden Unternehmen ab. Folgerichtig greifen im Einzelabschluss auch Ausschüttungsregelungen, die das Unternehmen vor überhöhten Ausschüttungen an die Investoren schützen. Hierdurch bleibt der Unternehmung Haftungspotenzial erhalten, das letztlich zur Befriedigung der Gläubiger zur Verfügung steht. Insofern hat die Kapitalerhaltung auch dazu geführt, dass die Anschaffungskosten im handelsrechtlichen Jahresabschluss als Obergrenze der Bewertung eines von Dritten erworbenen Vermögensgegenstandes gelten (Anschaffungskostenprinzip). Diese Wertgröße stellt eine willkürfreie und objektivierte Bewertungsgrundlage dar. In der Folge können in der Bilanz auch nur historische Ausgaben in Form der Anschaffungs- und Herstellungskosten und nicht höhere aktuelle Zeitwerte gezeigt werden.

Die IFRS/IAS als internationaler Rechnungslegungsstandard verfolgen einen anderen Weg: Einzige Aufgabe der IFRS/IAS-Bilanzierung ist den Kapitalmarktteilnehmern **entscheidungsnützliche Informationen** zu vermitteln. Diese Zielstellung führt zu einer grundlegend anderen – vom HGB abweichenden – Ausrichtung der einzelnen Regelungen. So gibt es bei IFRS/IAS bspw. auch **keine Verknüpfungen zwischen steuerlichen Bilanzierungselementen**, wie sie bei Handels- und Steuerbilanz über das Maßgeblichkeitsprinzip bzw. seiner Umkehrung gegeben sind.

1.1 Die kontinentaleuropäische und angelsächsische Rechnungslegung

Unterschiedliche Rechts- und Steuersysteme in den einzelnen Staaten sowie unterschiedliche Einflussnahmemöglichkeiten der Wirtschaft, Wissenschaft oder der Berufsverbände zur Rechnungslegung haben unterschiedliche Rechnungslegungsnormen entstehen lassen, welche die Vergleichbarkeit von Abschlussinformationen (erheblich) einschränken. Dennoch können grundsätzlich zwei wesentliche Rechnungslegungskonzeptionen unterschieden werden:
- die kontinentaleuropäische Rechungslegungskonzeption und
- die angelsächsische Rechungslegungskonzeption.

Die **kontinentaleuropäische Rechungslegung** ist gekennzeichnet durch den **Gläubigerschutz (Kapitalerhaltung)** verbunden mit dem **Rechenschaftszweck** des Jahresabschlusses. Überwiegend wird es dem **Gesetzgeber** überlassen Rechnungslegungsvorschriften zu entwickeln und festzulegen. Die kontinentaleuropäische Rechungslegungskonzeption, bei der das **Vorsichtsprinzip** einen vergleichsweise hohen Stellenwert hat, findet sich in Deutschland, Frankreich, Italien, Spanien, Belgien, Schweden oder auch in Japan.

Die **angelsächsische Rechnungslegungskonzeption** hingegen ist primär an einer periodengerechten Rechenschaft gegenüber den Investoren orientiert. Im Mittelpunkt steht dabei nicht der Gläubigerschutz bzw. die Kapitalerhaltung. Dieses Rechnungslegungskonzept wird vornehmlich durch **Berufsverbände** der Wirtschaft, der Wissenschaft und mit der Rechnungslegung betrauten Personen **einzelfallbezogen** in Form von Rechnungslegungsstandards entwickelt und festgelegt. Die stärker fallweisen und damit weniger abstrakten Regulierungen von Bilanzierungssachverhalten sind ein wesentlicher Unterschied zum deutschen Recht. Die angelsächsische Rechnungslegungskonzeption herrscht in Ländern wie Großbritannien, USA, Irland, Kanada oder Australien.

Diese generellen Unterschiede zwischen den nationalen Rechnungslegungssystemen sollen angeglichen bzw. abgebaut werden, was als **internationale Harmonisierung der Rechnungslegung** bezeichnet wird.

Gleichwohl wird Harmonisierung der Rechnungslegung nicht bedeuten, dass ein völlig identisches Regelwerk in den einzelnen nationalen Staaten gelten wird. Vielmehr wird mit der Harmonisierung der Rechnungslegung das Ziel verfolgt – soweit es national ökonomisch, rechtlich und sozial möglich ist –, die Ansatz- und Bewertungsregelungen anzugleichen.

1.2 Die Rechnungslegungsnormen des IASB

Die IFRS/IAS-Standards werden von dem **International Accounting Standards Board (IASB)** erlassen. Bis zum Jahr 2001 hieß das Gremium International Accounting Standards Committee (**IASC**[1]), das sich dann umorganisierte und in diesem Zuge auch umbenannte. Bei dieser Reorganisation wurde auch die Bezeichnung der Standards von IAS auf die IFRS geändert.

Das IASB-Regelungswerk setzt sich aus insgesamt fünf Teilen zusammen:

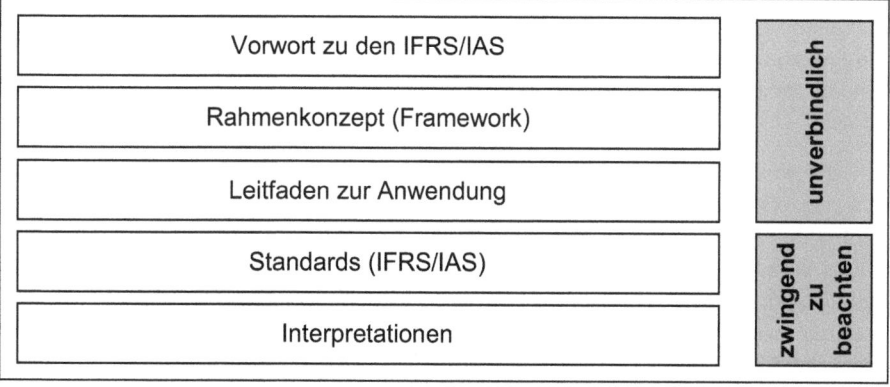

Abb. 1.1: Bestandteile des IASB-Regelungswerkes und ihr Verpflichtungscharakter

---

[1] Das IASC wurde 1973 von Vertretern der Wirtschaftsprüfervereinigungen aus den Ländern Australien, Kanada, Frankreich, Deutschland, Japan, Mexiko, Niederlande, England, Irland und USA gegründet. Aus Deutschland waren als Gründer die Wirtschaftsprüferkammern und das Institut der Wirtschaftprüfer (IDW) beteiligt.

Im **Vorwort zu den Standards** (Preface to International Financial Reporting Standards) werden die Anwendungsbereiche, der Zeitpunkt des Inkrafttretens der Standards sowie die Arbeitssprache (derzeit Englisch), die Bestandteile des IFRS/IAS-Abschlusses sowie einige andere verfahrenstechnische Abläufe geregelt. Das Vorwort hat jedoch keine Bedeutung für die Anwendung und Auslegung der einzelnen Standards selber.

Das **Framework** ist das **Rahmenkonzept** und beinhaltet insbesondere Leitlinien zur Aufstellung und Darstellung des Abschlusses, seiner Zielsetzung, stellt qualitative Anforderungen an die im Abschluss vermittelten Informationen, definiert Abschlussposten sowie deren Ansatz und regelt die grundsätzliche Bewertung. Des Weiteren soll das Framework den Abschlussprüfern bei der Urteilsfindung über die zweckentsprechende Anwendung der IFRS/IAS-Standards helfen. Hinsichtlich des Verpflichtungscharakters stellt das Framework keinen Standard dar. Insofern darf durch den Bilanzierenden auch nicht gegen einzelne Standards unter Berufung auf das Framework verstoßen werden.

Der **Leitfaden zur Anwendung** (Implementation Guidance) soll Probleme bei der Einführung und Anwendung inhaltlich schwieriger Standards verringern. Die Anwendungsleitlinien besitzen (nur) Empfehlungscharakter.

Die **Standards** regeln die Grundsätze zur Bilanzierung, Bewertung sowie Darstellung von Geschäftsvorfällen im Abschluss. Ihre Beachtung ist für das bilanzierende Unternehmen **verpflichtend**.

Die **Interpretationen** des früheren Standards Interpretations Committee (SIC) bzw. des heutigen IFRIC[2] sind ebenfalls **verpflichtend**. Durch die Interpretationen sollen Lücken geschlossen werden, die auftreten, wenn durch die Standards bestimmte Bilanzierungsfragen nicht geschlossen bzw. ausdrücklich geregelt sind. Hierdurch sollen die Geschäftsvorfälle einheitlich und zutreffend behandelt werden. Insofern werden die einzelnen Interpretationen relativ zeitnah herausgegeben und beziehen sich nur auf Bilanzierungsfragen von allgemeinem Interesse.

Insgesamt ist festzustellen, dass die Vorschriften des IASB noch kein geschlossenes Normensystem darstellen, in denen hinreichend verbindliche konzeptionelle Regelungsgrundlagen zur Abbildung aller Geschäftsvorfälle vorhanden sind. Bedingt wird diese Situation auch dadurch, dass vom IFRIC nur Bilanzierungsthemen behandelt werden, die von internationaler Bedeutung sind. Dies führt dazu, dass zahlreiche bilanzielle Regelungslücken verbleiben, die dann durch zweckgerechte Auslegungen durch den Bilanzierenden selbst zu schließen sind. So hat dann die bilanzierende Unternehmensleitung nach eigenem Urteil – aber im Einklang mit dem Framework – Bilanzierungs- und Bewertungsmethoden zu entwickeln, die den Abschlussadressaten entscheidungsnützliche Informationen zur Verfügung stellen.

Die einzelnen Standards und das Framework stellen die zentralen Regelungen in der Bilanzierungspraxis dar. Sie werden im nachfolgenden Gliederungspunkt vorgestellt.

---

[2] IFRIC = International Financial Reporting Interpretations Committee; früher SIC für: Standing Interpretations Committee. Das IFRIC entwickelt Interpretationen zu Anwendungs- und Auslegungsfragen einzelner Standards.

1.3 Anzahl, Aufbau und Zitierweise der IFRS/IAS und des Frameworks

Die einzelnen Rechnungslegungsregeln sind in **Standards** niedergeschrieben, die als **IAS** (International Accounting Standards) oder **IFRS** (International Financial Reporting Standards) bezeichnet werden.

Bis März 2002 wurden die einzelnen veröffentlichten Standards als IAS bezeichnet. Alle danach bis heute neu veröffentlichten Standards werden als IFRS bezeichnet. Insofern handelt es sich in diesem Sinne um keine „neuen" Standards, sondern lediglich um eine Namensänderung. Die älteren Standards werden weiterhin mit IAS bezeichnet und sind weiterhin gültig.

Zurzeit existieren insgesamt 41 IAS-Standards und 7 IFRS-Standards[3], von denen mittlerweile einige aufgehoben oder zurückgezogen wurden. Die einzelnen Standards sind fortlaufend durchnummeriert: die IAS von 1 bis 41 und die IFRS von 1 bis 7.

Die zwei nachfolgenden Abbildungen zeigen alle bislang veröffentlichten Standards[4]:

Tab. 1.1 Auflistung aller IAS-Standards

IAS	Inhalt
1	Darstellung des Abschlusses – Allgemeiner Teil
2	Vorräte
3	*ersetzt durch IAS 27 und 28*
4	*ersetzt durch IAS 16 und 22*
5	*ersetzt durch IAS 1*
6	*ersetzt durch IAS 15*
7	Kapitalflussrechnungen
8	Bilanzierungs- und Bewertungsmethoden, Änderungen von Schätzungen und Fehlern
9	*ersetzt durch IAS 38*
10	Ereignisse nach dem Bilanzstichtag
11	Fertigungsaufträge
12	Ertragsteuern
13	*ersetzt durch IAS 1*
14	Segmentberichterstattung

---

[3] Dadurch, dass die neuen IFRS-Standards ebenfalls fortlaufend beginnend mit 1 durchnummeriert sind, tritt die Situation auf, dass es sowohl einen IAS 1 als auch einen IFRS 1 gibt, die aber jeweils unterschiedliche Inhalte aufweisen bzw. regeln.

[4] Stand März 2007.

15	gestrichen
16	Sachanlagen
17	Leasingverhältnisse
18	Erträge
19	Leistungen an Arbeitnehmer
20	Bilanzierung und Darstellung von Zuwendungen der öffentlichen Hand
21	Auswirkungen von Änderungen der Wechselkurse
22	*ersetzt durch IAS 40*
23	Fremdkapitalkosten
24	Angaben über Beziehungen zu nahe stehenden Unternehmen und Personen
25	*ersetzt durch IAS 40*
26	Bilanzierung und Berichterstattung von Altersversorgungsplänen
27	Konzern- und separate Einzelabschlüsse nach IFRS
28	Anteile an assoziierten Unternehmen
29	Rechnungslegung in Hochinflationsländern
30	Angaben im Abschluss von Banken und ähnlichen Finanzinstituten
31	Anteile an Joint Ventures
32	Finanzinstrumente: Angaben und Darstellung
33	Ergebnis je Aktie
34	Zwischenberichterstattung
35	*ersetzt durch IFRS 5*
36	Wertminderung von Vermögenswerten
37	Rückstellungen, Eventualschulden und Eventualforderungen
38	Immaterielle Vermögenswerte
39	Finanzinstrumente: Ansatz und Bewertung
40	Als Finanzinvestition gehaltene Immobilien
41	Landwirtschaft

Tab. 1.2 Auflistung aller IFRS-Standards

IFRS	Inhalt
1	Erstmalige Anwendung der International Financial Reporting Standards
2	Aktienbasierte Vergütung
3	Unternehmenszusammenschlüsse
4	Versicherungsverträge
5	Zur Veräußerung gehaltene langfristige Vermögenswerte und aufgegebene Geschäftsbereiche
6	Exploration und Evaluierung von mineralischen Ressourcen
7	Finanzinstrumente: Angaben

1.3 Anzahl, Aufbau und Zitierweise der IFRS/IAS und des Frameworks

Zur Strukturierung eines Standards (IFRS/IAS) werden die einzelnen Absätze fortlaufend durchnummeriert, gelegentlich auch weiter in Buchstaben und Unterabsätzen unterteilt. Jeder Standard enthält fett/ kursiv gedruckte Absätze, die die wesentlichen Vorschriften des Standards darstellen. Die normal gedruckten Absätze dienen der Erläuterung und Konkretisierung der Vorschriften. Ferner enthält jeder Standard Überschriften, die die einzelnen Sachverhalte voneinander abgrenzen.

Sofern Verweise auf die Standards erfolgen bzw. sie als Quelle zitiert werden, wird zuerst die laufende Nummer des Standards genannt, bspw. **IAS 16** oder **IFRS 3**. Auf den einzelnen Absatz innerhalb des jeweiligen Standards wird dann unter Fortführung der bisherigen Angabe, bspw. IAS 16, eine Erweiterung in IAS 16.**60** vorgenommen. Absatz 60 von IAS 16 behandelt in diesem Beispiel die Abschreibungsmethoden der Sachanlagen.

Einige Standards enthalten auch noch einen Anhang, der weitergehende Informationen bzw. Erklärungen zu den einzelnen Ausführungen des Standards enthält. Die einzelnen Absätze des Anhangs sind ebenfalls fortlaufend durchnummeriert und tragen als Kennung die Buchstabenabkürzung AG. Wird auf einen Absatz im Anhang zu einem Standard verwiesen, so wird wie folgt zitiert: **IAS 39 AG 64**. Hier handelt es sich um den Absatz 64 im Anhang von Standard IAS 39.

Die einzelnen IFRS/IAS-Standards sind üblicherweise wie folgt aufgebaut:

1. **Zielsetzung**
   Es erfolgt eine kurze Beschreibung der jeweiligen Zielsetzung, die der Standard verfolgt. Bspw. IAS 16 (Sachanlagen) gibt als Zielsetzung vor, dass die Abschlussadressaten Informationen über die Investitionen eines Unternehmens in Sachanlagen und Änderungen solcher Investitionen erkennen sollen.
2. **Anwendungsbereich**
   Klärung welche Sachverhalte bzw. Jahresabschlussposten durch den Standard geregelt werden.
3. **Definitionen**
   Die im Standard verwendeten Begriffe werden definiert.
4. **Angabe der Regelungsbereiche**
   Behandlung der Geschäftsvorfälle im Abschluss, bspw. Klärung des Ansatzes und der Bewertung von Sachanlagen.
5. **Übergangsvorschriften**
   Zeitliche Regelung zur erstmaligen Anwendung des Standards.
6. **Zeitpunkt des Inkrafttretens**
   Festlegung, ab wann der Standard anzuwenden ist.
7. **Anhang**
   Ergänzende Hinweise, Erläuterungen oder auch Hinweise zur Rücknahme anderer Verlautbarungen.

Vielfach wird auch auf das **Framework (Rahmenkonzept)** Bezug genommen. Für die Quellenbelegung wird die Abkürzung „F." verwendet. Üblicherweise folgt dem F eine Zahlenangabe, die dann auf den jeweiligen Absatz im Rahmenkonzept verweist, bspw. F. 25. Die einzelnen Absätze im Rahmenkonzept sind auch fortlaufend durchnummeriert.

1.4 Wer muss einen Abschluss nach IFRS/IAS aufstellen?

Zur Aufstellung eines IFRS/IAS-Abschlusses sind in der europäischen Union seit dem 01. Januar 2005 **kapitalmarktorientierte Unternehmen** verpflichtet. Für sie sind die IFRS/IAS der verbindliche Rechnungslegungsstandard bei der Aufstellung des **Konzernabschlusses**. Europaweit sind hiervon ca. 7.000 Unternehmen betroffen, davon ca. 1.000 in der Bundesrepublik Deutschland[5] (§§ 315a, 325 Abs. 2a HGB).

Kapitalmarktorientierung bedeutet hierbei, dass Wertpapiere (insbesondere Aktien) von der Unternehmung zum Handel zugelassen sind
- am Amtlichen Markt,
- am Geregelten Markt (Frankfurter Wertpapierbörse und Regionalbörsen),
- an der Terminbörse EUREX sowie
- am Start Up Market (Hamburg)

oder die Unternehmung diesen Handel vorbereitet.

Keine Kapitalmarktorientierung liegt vor, wenn
- der Handel im privatrechtlich organisierten Freiverkehr erfolgt,
- Unternehmen (nur) Schuldtitel[6] an den oben genannten Börsen handeln oder
- Unternehmen nach US-GAAP bilanzieren. Sie sind erst ab 1.1.2007 zur Umstellung auf IFRS/IAS verpflichtet.

1.5 Zielsetzung des IFRS/IAS-Abschlusses

Nach den Ausführungen des Rahmenkonzeptes liegt der Zweck eines IFRS/IAS-Abschlusses hauptsächlich darin, die Jahresabschlussadressaten zur Beurteilung zu befähigen, **ob das Unternehmen in der Lage ist, in zukünftigen Perioden Einzahlungsüberschüsse zu erwirtschaften (F. 15)**.

Dazu werden den Jahresabschlussadressaten mittels des IFRS/IAS-Abschlusses entscheidungsnützliche Informationen (so genannte decision usefulness) über die **Vermögens-, Finanz- und Ertragslage** der Unternehmung sowie über ihre jeweiligen **Veränderungen** gegeben, was nach IAS 1.13 als *fair presentation* bezeichnet wird.

---

[5] Bspw. Continental, Commerzbank, Adidas, BASF, Bayer, BMW, Deutsche Börse, Deutsche Post, RWE, Volkswagen.

[6] Bspw. Anleihen, Genussscheine, Pfandbriefe.

Als Jahresabschlussadressaten werden im Framework (F. 9) genannt:

- **Investoren**,
  die Risikokapital bereitstellen bzw. dies wollen,
- **Arbeitnehmer**,
  die sich über die wirtschaftliche Situation ihres Arbeitgebers informieren wollen,
- **Kreditgeber**,
  die einschätzen wollen, ob gewährte Kredite und die damit verbundenen Zins- und Tilgungslasten gezahlt werden können,
- **Lieferanten** sowie andere Gläubiger,
  die beurteilen wollen, ob ihre Forderungen bei Fälligkeit bezahlt werden,
- **Kunden** und sonstige Geschäftspartner,
  die sich insbesondere bei längerfristigen Geschäftsbeziehungen vom Fortbestand der Unternehmung überzeugen wollen,
- **Staatliche Einrichtungen**,
  die Informationen für statistische Zwecke erheben,
- **Öffentlichkeit**,
  die erfahren möchte, welchen Beitrag das Unternehmen zur Stärkung der Wirtschaft geleistet hat.

1.6 Wer überprüft die Einhaltung der IFRS/IAS?

Die Einhaltung bzw. Beachtung der IFRS/IAS erfolgt durch ein gesetzlich begründetes[7] (neues) aber privatrechtlich gebildetes Gremium, das **Enforcement** (Prüfstelle[8]) genannt wird.

Sowohl die Prüfung als auch die Einhaltung der IFRS/IAS-Standards wird durch ein zweistufiges System geregelt werden. Regelungen zum Enforcement finden sich in dem vom Bundestag beschlossenen sog. Bilanzkontrollgesetz (BilKoG). Die private Prüfstelle soll bei Vorliegen bestimmter Anhaltspunkte oder nach Aufforderung durch die Bundesanstalt für Finanzdienstleistungsaufsicht (BaFin) oder bei Stichproben eine Überprüfung der Bilanzen kapitalmarktnotierter Unternehmen vornehmen und ggf. einer weitergehenden strafrechtlichen Beurteilung zuführen.

Die Kosten für die Prüfstelle (Enforcement) sollen die in Deutschland gelisteten Unternehmen tragen.

---

[7] Vgl. § 342b HGB.

[8] Die genaue deutsche Bezeichnung lautet: *Deutsche Prüfstelle für Rechnungslegung*.

Fragen und Lösungen

1. Welche Aufgabe hat der IFRS/IAS-Abschluss?
   Der IAS/IFRS-Abschluss soll Investoren und Anlegern, insbesondere auf den Kapitalmärkten, entscheidungsnützliche Informationen für ihre Anlageentscheidungen liefern.

2. Was bedeutet bzw. wofür steht die Abkürzung *IASB*?
   Die Abkürzung steht für *International Accounting Standards Board* und bezeichnet das Gremium, das die einzelnen IAS bzw. IFRS erlässt.

3. Woraus setzen sich im Einzelnen die Rechnungslegungsnormen bzw. das Regelungswerk des IASB zusammen?
   Das IASB-Regelungswerk besteht aus insgesamt fünf Teilen:
   - Vorwort zu den IFRS/IAS
   - Rahmenkonzept (Framework)
   - Leitfaden zur Anwendung
   - die einzelnen Standards (IFRS/IAS)
   - Interpretationen

2 Abschlussgrundsätze der IFRS/IAS gemäß Framework

Damit der IFRS/IAS-Abschluss auch die vorgegebene Zielsetzung der Vermittlung entscheidungsnützlicher Informationen erfüllen kann, hat das bilanzierende Unternehmen zwingend einige Randbedingungen bei der Aufstellung des Abschlusses zu beachten und zwar:
- Basisgrundsätze
- Qualitative Anforderungen an Abschlussinformationen
- Beschränkungen der Primäranforderungen Relevanz und Verlässlichkeit (Nebenbedingungen)

Die einzelnen Randbedingungen werden in den nachfolgenden Gliederungspunkten erläutert.

2.1 Basisgrundsätze

Unter die Basisgrundsätze fallen:
- Grundsatz der **Unternehmensfortführung** (going concern)
- **Periodengerechte Erfolgsabgrenzung** (accrual basis)

2.1.1 Grundsatz der Unternehmensfortführung

Der **Grundsatz der Unternehmensfortführung** besagt – entsprechend der Regelung des HGB –, dass das bilanzierende Unternehmen bei der Bewertung der Vermögenswerte und Schulden von der Annahme ausgehen muss, dass es seine Geschäftstätigkeit in absehbarer Zukunft fortführen wird. Die Unternehmensfortführungsprämisse ist zu jedem Abschlussstichtag erneut zu prüfen. Der Grundsatz darf nur durchbrochen werden, wenn die Gesellschaft beabsichtigt, das Unternehmen aufzugeben, die Geschäftstätigkeit einzustellen oder keine realistische Fortführungsmöglichkeit mehr besteht (F. 23 iVm. IAS 1.23 f.).

2.1.2 Grundsatz der periodengerechten Erfolgsabgrenzung

Der Grundsatz der periodengerechten Erfolgsabgrenzung besagt – dem HGB entsprechend –, dass für die erfolgswirksame Erfassung von Geschäftsvorfällen nicht der Zahlungszeitpunkt, sondern die **wirtschaftliche Zugehörigkeit** zu den einzelnen Geschäftsjahren entscheidend ist (F. 22 iVm. IAS 1.25 f.). Insofern ist nicht der zeitliche Anfall der einzelnen Ein- und Auszahlungen für die Erfassung in der GuV maßgeblich, sondern ihre wirtschaftliche Zuordnung in Form von Aufwendungen oder Erträgen.

2.2 Qualitative Anforderungen an Abschlussinformationen

Insbesondere durch die **qualitativen Anforderungen**, die an die im Abschluss gegebenen Informationen gestellt werden, soll sichergestellt werden, dass die Abschlussadressaten auch **entscheidungsnützliche Informationen** erhalten.

Die qualitativen Anforderungen unterteilen sich in:
- Primäranforderungen,
- Sekundäranforderungen,
- Beschränkungen (im Gliederungspunkt 2.3 abgehandelt).

Die **Primäranforderungen** setzen sich aus vier Merkmalen zusammen:
- Verständlichkeit (understandability),
- Relevanz (relevance),
- Vergleichbarkeit (comparability),
- Verlässlichkeit (reliability).

Diese Primäranforderungen werden zum Teil durch weiterführende **Sekundäranforderungen** konkretisiert, wie bspw. die (Entscheidungs-) Relevanz durch die Wesentlichkeit oder auch durch **Nebenbedingungen** eingeschränkt.

Nachfolgend die Erläuterungen der einzelnen Primär- und Sekundäranforderungen:

Die **Primäranforderung** der **Verständlichkeit** verlangt nach F. 25 vom bilanzierenden Unternehmen, dass die erteilten Informationen so gewährt werden, dass sie für die Bilanzadressaten verständlich sind. Hierbei darf die bilanzierende Unternehmung jedoch voraussetzen, dass die Bilanzadressaten angemessene Kenntnisse geschäftlicher und wirtschaftlicher Tätigkeiten sowie der Rechnungslegung besitzen. Deshalb dürfen auch keine Abschlussinformationen verwehrt werden, die aufgrund ihrer Komplexität oder Schwierigkeit für den Abschlussadressaten möglicherweise unverständlich sein könnten.

Die **Primäranforderung** der **Relevanz** (F. 26-28) verlangt die Angabe aller Informationen, die für den Bilanzadressaten bei seinen wirtschaftlichen Entscheidungen nützlich (relevant) sind. Informationen gelten immer dann als relevant, wenn sie die wirtschaftlichen Entscheidungen der Adressaten beeinflussen, weil sie bei der Bewertung vergangener, derzeitiger oder zukünftiger Ereignisse helfen oder Entscheidungen der Vergangenheit bestätigen oder korrigieren (F. 26).

2.2 Qualitative Anforderungen an Abschlussinformationen

Die Primäranforderung der Relevanz wird durch die **Sekundäranforderung** der **Wesentlichkeit** (F. 29-30) ergänzt. Nach F. 30 sind Informationen wesentlich, wenn ihr Weglassen oder ihre fehlerhafte Darstellung die getroffenen Entscheidungen der Bilanzadressaten beeinflussen könnten. Hierbei ist die Wesentlichkeit von dem Umfang des Postens oder des jeweiligen Fehlers abhängig.

Die **Primäranforderung** der **Vergleichbarkeit** (F. 39-42) fordert, dass die Abschlussadressaten in die Lage versetzt werden sollen, dass sie die einzelnen Abschlüsse einem Zeitvergleich unterziehen können. Hierbei sollen sie die Abschlüsse des Unternehmens selber, wie auch mit Abschlüssen anderer Unternehmen, vergleichen können[9], um hierdurch Entwicklungen bzw. Veränderungen der Vermögens-, Finanz- und Ertragslage beurteilen zu können. Dieser Anspruch bedingt die stetige Anwendung der Bilanzierungs- und Bewertungsmethoden bzw. die Angabe ihrer Änderungen.

Damit der IFRS/IAS-Abschluss den Bilanzadressaten auch entscheidungsnützliche Informationen liefern kann, müssen die Informationen **verlässlich** sein, wodurch diese Primäranforderung eine zentrale Stellung unter den qualitativen Anforderungen einnimmt. Nach F. 31 sind Information dann verlässlich, wenn sie **keine wesentlichen Fehler enthalten** und **frei von verzerrenden Einflüssen** sind und sich die Adressaten damit inhaltlich darauf verlassen können, dass das, was ihnen mitgeteilt wird, auch tatsächlich zutrifft.

Die **Primäranforderung** der **Verlässlichkeit** (F. 31-32) wird durch die fünf folgenden **Sekundäranforderungen** näher bestimmt (F. 33-38):
- Glaubwürdige Darstellung,
- Wirtschaftliche Betrachtungsweise,
- Neutralität,
- Vorsicht,
- Vollständigkeit.

Die fünf Sekundäranforderungen unterstützen bzw. arbeiten der Primäranforderung der Verlässlichkeit zu. So fordert die **glaubwürdige Darstellung** (F. 33-34), dass alle Geschäftsvorfälle und alle übrigen wesentlichen Ereignisse den tatsächlichen Verhältnissen entsprechend gemäß den IFRS/IAS-Vorgaben abgebildet werden. Damit müssen sich beispielsweise alle im Abschluss dargestellten Vermögenswerte und Schulden sowie Aufwendungen und Erträge auf reale Geschäftsvorfälle zurückführen lassen und die einzelnen IFRS/IAS-Ansatz- und Bewertungskriterien erfüllen.

Die **Sekundäranforderung** der **wirtschaftlichen Betrachtungsweise** (F. 35) fordert, dass die Geschäftsvorfälle nicht nur nach ihrem **rechtlichen Gehalt** bilanziert und dargestellt werden sollen, sondern auch nach ihrem **wirtschaftlichen (substance over form)**. Dies

---

[9] Kritisch anzumerken ist bezügl. des Anspruchs, dass die Abschlüsse verschiedener Unternehmen vergleichbar sein sollen, dass sich diese Möglichkeit in der Realität wohl kaum ergeben wird. Denn die IFRS/IAS ermöglichen es, gleiche Geschäftsvorfälle unterschiedlich zu beurteilen und zu bilanzieren. Hierbei wäre generell auch zu klären, ob vollkommen identische Geschäftsvorfälle bei verschiedenen Unternehmen überhaupt auftreten können. Unabhängig davon, stellt sich auch noch die Frage, ob Unternehmen mit unterschiedlichen Strukturen, Branchenzugehörigkeiten, Größen, Produkten usw. überhaupt miteinander vergleichbar sind.

kommt insbesondere in den Fällen zum Tragen, bei denen das wirtschaftliche und rechtliche Eigentum an Vermögenswerten auseinanderfällt (bspw. IAS 17.10 Finance- und Operate-Leasing[10]). Als Beispiel hierzu enthält F. 35: Ein Unternehmen veräußert einen Vermögenswert an einen Dritten. Hierbei geht das Eigentum formalrechtlich auf den Dritten über, wobei zugleich die Vereinbarung getroffen wird, dass das veräußernde Unternehmen auch künftig den wirtschaftlichen Nutzen aus dem Vermögenswert erhält (Sale-and-lease-back-Geschäft). In dieser Situation würde eine Berichterstattung (nur) über einen Verkauf dem abgelaufenen Geschäftsvorfall nicht gerecht bzw. ihn nicht glaubwürdig darstellen.

Die **Sekundäranforderung** der **Neutralität** (F. 36) fordert die Vermittlung von **wertfreien** und **objektiven** Abschlussinformationen, denn nur derartige Informationen sind für die Abschlussadressaten verlässlich. Insofern darf das bilanzierende Unternehmen nicht bewusst ausgewählte Abschlussinformationen vorenthalten bzw. gewähren, um ein vorher festgelegtes (Unternehmens-) Ziel zu erreichen. Die Sekundäranforderung der Neutralität schränkt aber keinesfalls bilanzpolitisch zulässiges Verhalten der bilanzierenden Unternehmung bei der Wahrnehmung von Bilanzierungs- und Bewertungswahlrechten ein. Nicht zulässig sind aber bilanzpolitisch motivierte Abschlussinformationen auszuwählen oder solche, die durch Voreingenommenheit zu einer verzerrten Darstellung der wirtschaftlichen Verhältnisse im IFRS/IAS-Abschluss führen würden.

Der im Handelsrecht bedeutende **Vorsichtsgrundsatz** (§ 252 Abs. 1 Nr. 4 HGB) erfährt im IFRS/IAS-Abschluss als **Sekundäranforderung** vergleichsweise "nur" eine untergeordnete Rolle (F. 37). So findet er hauptsächlich bei Ermessensspielräumen Berücksichtigung. Die Bilanzersteller haben eine ganze Reihe von Annahmen zu treffen bzw. Schätzungen vorzunehmen, wie bspw. bei der Bestimmung der voraussichtlichen Nutzungsdauer von technischen Anlagen sowie von Betriebs- und Geschäftsausstattungen, die Zahl der Garantieansprüche, die auftreten können, oder die Zahlungseingänge von zweifelhaften Forderungen. In diesen Situationen sollen die Bilanzersteller vorsichtig die erforderlichen Schätzungen vornehmen bzw. Annahmen treffen, ohne dass hierbei Vermögenswerte und Erträge zu hoch und Schulden oder Aufwendungen zu niedrig angesetzt werden. Aber auch ein zu niedriger Ausweis der Vermögenswerte und Erträge bzw. ein zu hoher Ausweis von Schulden (bspw. Rückstellungen überdotiert) oder Aufwendungen soll verhindert werden. Somit bewusst die Bildung stiller Reserven vorgenommen wird. Ein Verstoß gegen die Sekundäranforderung Vorsicht würde dazu führen, dass der Abschluss nicht neutral wäre und in Folge das Kriterium der Verlässlichkeit nicht erfüllt (F. 37).

Die **Sekundäranforderung** der **Vollständigkeit** (F. 38) fordert, dass alle Informationen im Abschluss enthalten sind, damit sie verlässlich sind. Ein Weglassen kann dazu führen, dass die Informationen falsch oder irreführend sind und somit Einschränkungen bei der Relevanz auslösen.

---

[10] Vgl. Gliederungspunkt 6.4.

Die Informationsgewinnung und -gewährung hat unter Beachtung bzw. innerhalb der Grenzen der Kosten-Nutzen-Abwägung sowie der Wesentlichkeit zu erfolgen. Diese Beschränkungen als Nebenbedingungen werden unter dem nachfolgenden Gliederungspunkt erläutert.

2.3 Beschränkungen der Primäranforderungen

Die Primäranforderungen **Relevanz** und **Verlässlichkeit** werden durch drei Nebenbedingungen eingeschränkt:
- Zeitnahe Berichterstattung (timeliness; F. 43),
- Kosten-Nutzen-Abwägung (balance between benefit and cost; F. 44),
- Ausgewogenheit zwischen den qualitativen Anforderungen (balance between qualitative characteristics; F. 45).

Die Nebenbedingungen sollen verhindern, dass Zielkonflikte zwischen den Primäranforderungen der Relevanz und der Verlässlichkeit auftreten.

Damit die Bilanzadressaten ihre (Anlage-) Entscheidungen treffen können, sind idR. **zeitnahe Informationen** für die Entscheidungsfindung erforderlich. Eine verspätete Informationsvermittlung hätte für die Bilanzadressaten vermutlich keine Relevanz mehr auf ihre Anlageentscheidungen. Hierin besteht der Konflikt auf der einen Seite zeitnah zu berichten, aber auf der anderen Seite verlässliche Informationen zu geben. Je später die Berichterstattung erfolgt, desto verlässlicher werden regelmäßig die Daten sein, je geringer aber ihre Relevanz für die Bilanzadressaten. Insofern muss der Bilanzierende im Einzelfall eine Abwägung zwischen Zeitnähe und Verlässlichkeit vornehmen.

Das Kriterium der **Ausgewogenheit von Kosten und Nutzen** besagt, dass das Unternehmen nur dann Sachverhalte ermitteln und gewähren muss, wenn der damit verbundene Nutzen für den Bilanzadressaten größer ist, als die damit verbundenen unternehmerischen Kosten. Bei aller Schwierigkeit dies in der Praxis zu bestimmen.

Bei dem Merkmal der **Ausgewogenheit zwischen den (einzelnen) qualitativen Merkmalen** soll die Unternehmung sicherstellen, dass alle qualitativen Merkmale gleichermaßen berücksichtigt werden und keine Priorisierung einzelner erfolgt, wie bspw. im Handelsrecht das Vorsichtsprinzip. Eine derartige Anwendung wäre mit den IFRS/IAS nicht vereinbar.

Nachfolgend sämtliche Bedingungen bzw. Anforderungen zusammenfassend grafisch dargestellt:

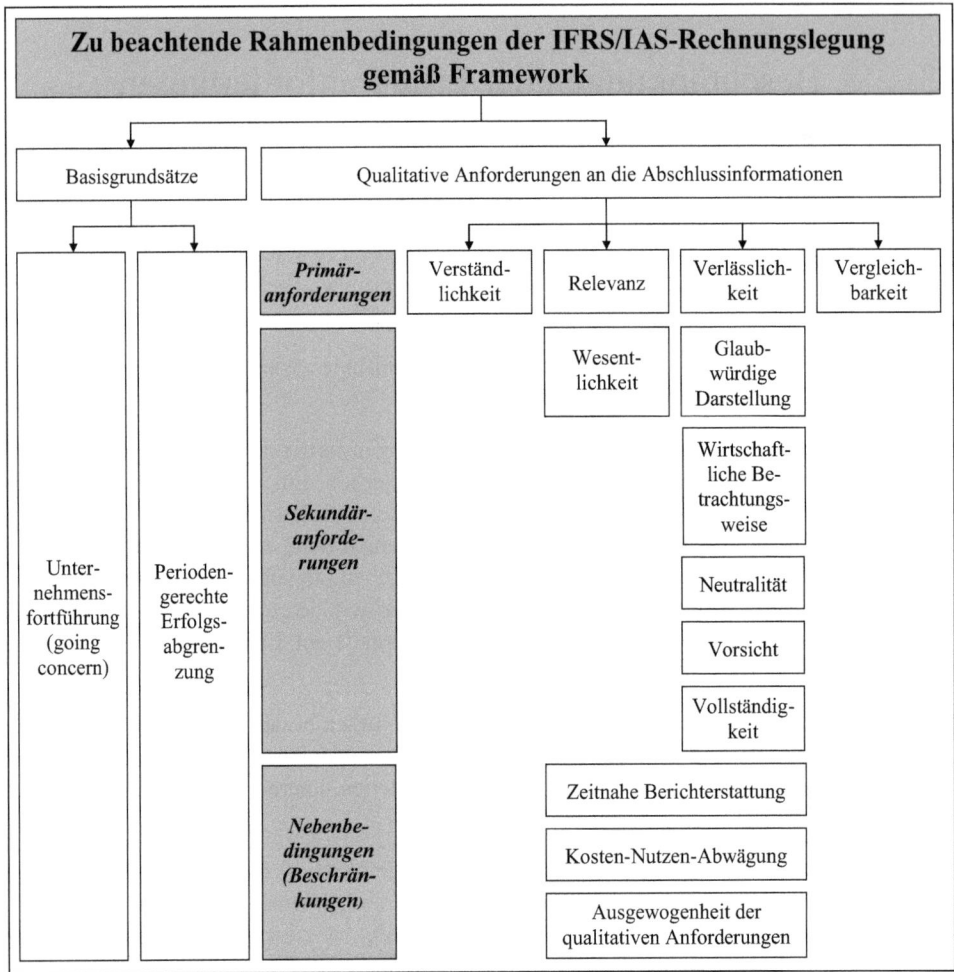

Abb. 2.1: Anzahl und Aufbau der qualitativen Anforderungsmerkmale an den IFRS/IAS-Abschluss

Fragen und Lösungen
1. Nennen Sie die Abschlussgrundsätze, die als Randbedingungen bei der Aufstellung des Abschlusses zu beachten sind und die die Vermittlung von entscheidungsnützlichen Informationen sicherstellen sollen und sich aus dem Framework ergeben?

Die Abschlussgrundsätze unterteilen sich in *Basisgrundsätze* und *qualitative Anforderungen*.
- Die Basisgrundsätze enthalten den Grundsatz der *Unternehmensfortführung* und der *periodengerechten Erfolgsabgrenzung*.
- Die qualitativen Anforderungen, die an die Abschlussinformationen gestellt werden, setzen sich aus den *Primär- und Sekundäranforderungen* sowie den *Beschränkungen* zusammen. Die Primäranforderungen wiederum setzen sich aus vier Merkmalen zusammen: *Verständlichkeit, Relevanz, Vergleichbarkeit* und *Verlässlichkeit*. Die Sekundäranforderungen enthalten fünf Merkmale: *Glaubwürdige Darstellung, wirtschaftliche Betrachtungsweise, Neutralität, Vorsicht* und *Vollständigkeit*. Die Primäranforderungen der *Relevanz* und *Verlässlichkeit* werden durch die Bedingungen der *zeitnahen Berichterstattung, Kosten-Nutzen-Abwägung* sowie der *Ausgewogenheit der qualitativen Anforderungen* beschränkt.

3 Allgemeine Bewertungsmaßstäbe

Nachfolgend werden grundsätzliche Wertmaßstäbe und Bewertungsverfahren vorgestellt, bevor auf die speziellen eingegangen wird, die sich bei der anschließenden Behandlung der einzelnen Abschlussposten bzw. bei den einzelnen Geschäftsvorfällen aus den einzelnen Standards ergeben.

3.1 Bewertungsgrößen der Vermögenswerte und Schulden gemäß Framework

Das Framework enthält allgemeine Bewertungsgrundsätze (F. 99 ff.) auf die immer dann zurückzugreifen ist, wenn die einzelnen Standards für die zu beurteilenden Geschäftsvorfälle bzw. Abschlussposten keine vorgeben. Die einzelnen Standards enthalten regelmäßig aber eigene – spezielle – Wertmaßstäbe, die den allgemeinen Bewertungsgrundsätzen des Frameworks vorgehen. Insofern besteht eine Hierachie bei der Anwendungsfolge.

Die speziellen Wertmaßstäbe der einzelnen IFRS/IAS werden später noch bei der Behandlung der einzelnen Bilanzposten bzw. Standards erläutert. Nachfolgend sollen zunächst die vier im Framework genannten und definierten Wertmaßstäbe vorgestellt werden (F. 99-101):
- (Historische) Anschaffungs- und Herstellungskosten (historical cost)
- Tageswert (current cost)
- Veräußerungs-/ Erfüllungsbetrag (realisable/ settlement value)
- Barwert (present value)

3.2 Anschaffungs- und Herstellungskosten

Die (historischen) Anschaffungs- und Herstellungskosten entsprechen grundsätzlich den bekannten handelsrechtlichen Anschaffungs- und Herstellungskosten (§ 255 HGB).

Eine Besonderheit ergibt sich jedoch bei den Anschaffungskosten. Nach IAS 23 können im Gegensatz zum Handelsrecht auch Fremdkapitalkosten[11] bei der Ermittlung der Anschaffungskosten wahlweise berücksichtigt werden. Dies aber nur, wenn
- ein qualifizierter Vermögenswert[12] vorliegt und
- die Fremdkapitalkosten direkt dem Anschaffungsvorgang des qualifizierten Vermögenswertes zugeordnet werden können.

Beim **Vermögenswert** stellen die (historischen) Anschaffungs- und Herstellungskosten die Ausgaben dar, die in Form von Zahlungsmitteln oder Zahlungsmitteläquivalenten[13] für seinen **Erwerb** und die Erlangung seiner **Betriebsbereitschaft** aufgebracht wurden.

Die historischen Anschaffungskosten von **Schulden** stellen den Betrag dar, der als Austausch für die Verpflichtung erhalten wurde bzw. stellen den Betrag dar, der erwartungsgemäß aufgewendet werden muss, um die Verpflichtung im Rahmen eines normalen Geschäftszyklusses zu tilgen (F. 100a).

3.2.1 Tageswert

Bei **Vermögenswerten** ergibt sich der Tageswert aus dem Betrag, der zum momentanen Zeitpunkt für die Wiederbeschaffung des gleichen oder ähnlichen Vermögenswertes aufgewendet werden müsste.

Bei **Schulden** ergibt sich der Tageswert aus dem Betrag, der gegenwärtig zur Tilgung der Schuld aufgewendet werden müsste (F. 100 b).

3.2.2 Veräußerung- und Erfüllungsbetrag

Der Veräußerungswert eines **Vermögenswertes** ist der Betrag, der beim Verkauf dieses Vermögenswertes an Zahlungsmitteln oder Zahlungsmitteläquivalenten zum gegenwärtigen Zeitpunkt bei Unterstellung eines normalen Geschäftsverlaufes, d.h. kein Notverkauf, erzielt werden könnte (F. 100c).

---

[11] Unter die Fremdkapitalkosten werden sowohl Kosten der Fremdkapitalbeschaffung (Vermittlungs-, Makler- oder Ratingkosten usw.) als auch Kreditzinsen, Abschreibungen von Disagien oder andere Finanzierungsnebenkosten gefasst. Nicht berücksichtigt werden können kalkulatorische Fremdkapitalkosten bzw. kalkulatorische Eigenkapitalkosten, die bspw. mit Sachanlageinvestitionen in Zusammenhang stehen. Vgl. im Einzelnen IAS 23.4 ff.

[12] Nach IAS 23.4 liegt ein qualifizierter Vermögenswert dann vor, wenn ein beträchtlicher Zeitraum erforderlich ist, um ihn in den beabsichtigten gebrauchs- oder verkaufsfertigen Zustand zu versetzen. Sofern ein Vermögenswert zum Zeitpunkt des Erwerbs bereits den beabsichtigten gebrauchsfertigen Zustand aufweist, liegt kein qualifizierter Vermögenswert vor. Ebenso bei Vorräten, die routinemäßig gefertigt oder auf andere Weise in großen Mengen wiederholt über einen kurzen Zeitraum hergestellt werden (IAS 23.6). Als Beispiele für qualifizierte Vermögenswerte nennt IAS 23.6 Fabrikationsanlagen, Energieversorgungseinrichtungen oder als Finanzinvestitionen gehaltene Grundstücke und Bauten.

[13] Bzw. dem Zeitwert der Gegenleistung(en) zum Erwerbszeitpunkt.

Schulden werden mit dem Erfüllungsbetrag angesetzt, welcher der nicht abgezinsten Summe aller liquiden oder sonstigen Mittel entspricht, die für die Tilgung der Verpflichtung aufgebracht werden müssen (F. 100c).[14]

3.2.3 Barwert

Der Barwert eines **Vermögenswertes** ist die Summe aller auf den gegenwärtigen Zeitpunkt abgezinsten zukünftig anfallenden Nettoeinzahlungen aus diesem Vermögenswert, die bei Unterstellung eines normalen Geschäftsverlaufes voraussichtlich erzielt werden (F. 100d).

Der Barwert einer **Schuld** ist der auf den gegenwärtigen Zeitpunkt diskontierte künftige Nettomittelabfluss, der voraussichtlich erforderlich ist, um die Schuld im normalen Geschäftsverlauf zu tilgen (F. 100d).

Bei der Ermittlung der Barwerte – sowohl für die Schulden als auch für die Vermögenswerte – hat die bilanzierende Unternehmung Ermessensspielräume hinsichtlich der Schätzung der künftigen Mittelflüsse wie auch bei der Wahl des Zinssatzes für die Diskontierung.

3.3 Allgemeines zu den Abschreibungen

Das **Abschreibungsvolumen** eines Vermögenswertes ergibt sich aus den Anschaffungs- und Herstellungskosten, ggf. vermindert um den geplanten Restwert (Verkaufserlös; IAS 16.50 ff.).

Die **Nutzungsdauer** des Vermögenswertes bestimmt sich grundsätzlich nach seinem wirtschaftlichen Nutzen für das Unternehmen. Hierbei ist auf den unternehmensindividuellen erwarteten Zeitraum abzustellen. Flankiert wird die Nutzungsdauer durch technische und wirtschaftliche Nutzbarkeit im Rahmen des Leistungsprozesses des Unternehmens[15] und durch unternehmensfremde Faktoren.[16] Dies erfordert, die Nutzungsdauer insbesondere von Sachanlagen mindestens zum Ende jedes Geschäftsjahres zu überprüfen (IAS 16.51). Sofern sich die geschätzte **Nutzungsdauer verkürzt** und der **Wertminderungstest** (Impairment-Test) nach IAS 36.59 zugleich ergibt, dass der **erzielbare Betrag** (Verkaufserlös/ Nutzungswert)[17] unter dem Buchwert des Vermögenswertes liegt, ist der Buchwert des Vermögenswertes auf seinen erzielbaren Betrag durch eine Abschreibung (Wertminderungsaufwand) zu verringern. Der verbleibende Buchwert ist dann auf die verbleibende Nutzungsdauer neu zu verteilen (IAS 36.63).

---

[14] Bei Unterstellung eines normalen Geschäftsverlaufes.

[15] Bspw. durch geplante Produktionsstückzahlen, Verschleiß aufgrund von unterschiedlichen Nutzungsintensitäten (Ein-/ Mehrschichtbetrieb, Pflege-/ Wartungsarbeiten) usw.

[16] Bspw. durch technische Weiterentwicklungen, Produkt- oder Nachfrageänderungen, rechtliche, vertragliche oder ähnliche die Nutzungsdauer beschränkende Faktoren.

[17] Vgl. die Ausführungen unter dem Gliederungspunkt 3.5.1.

Sollte hingegen eine **Verlängerung der Nutzungsdauer** vorliegen, scheidet eine Erhöhung des Buchwertes aus. Wertaufholungen sind nur bei vorangegangenen Wertminderungen möglich (IAS 36.117 ff). Insofern verbleibt es daher grundsätzlich bei dem bisherigen Abschreibungsverlauf, sofern nicht von der Neubewertungsmethode Gebrauch gemacht wird (IAS 16.31)[18].

Im IFRS/IAS-Abschluss dürfen als **planmäßige Abschreibungsmethoden** die – aus dem Handelsrecht schon bekannte – lineare, degressive oder leistungsabhängige Abschreibungsmethode angewendet werden. Aber auch jede andere Abschreibungsmethode, sofern sie nur den tatsächlichen wirtschaftlichen (Ab-) Nutzungsverlauf (Werteverzehr) der jeweiligen Sachanlage bestmöglich abbildet (IAS 16.60). Durch diesen Anspruch liegt kein Wahlrecht hinsichtlich einer dieser Abschreibungsmethoden vor.

Kombinationen oder planmäßige Wechsel zwischen den einzelnen Abschreibungsmethoden sind grundsätzlich zulässig, wenn hierdurch der Abschreibungsverlauf den Nutzenverbrauch des Vermögenswertes besser widerspiegelt.

Die einmal gewählte Abschreibungsmethode ist grundsätzlich beizubehalten, sofern keine Änderungen im erwarteten Nutzenverlauf eintreten (IAS 16.61).

Sobald der Vermögenswert sich im **betriebsbereiten Zustand** befindet, ist er abzuschreiben (**Abschreibungsbeginn**; IAS 16.55). Dies führt idR. zu einer zeitanteiligen Abschreibung (pro rata temporis). Die Abschreibungen enden, sobald das gesamte Abschreibungsvolumen abgeschrieben ist oder der Vermögenswert untergegangen ist bzw. er das Unternehmen verlassen hat (Zerstörung, Diebstahl, Verschrottung, Verkauf, Schenkung).

Die Sachanlagen sind auszubuchen beim Abgang aus dem unternehmerischen Bereich oder wenn kein weiterer wirtschaftlicher Nutzen (mehr) zu erwarten ist (IAS 16.67). Sollten hierbei Veräußerungsgewinne oder -verluste entstehen, sind sie erfolgswirksam zu erfassen.

3.4 Steuerliche Abschreibungen und steuerliche Rücklagenbildungen

Im IFRS/IAS-Abschluss muss nach IAS 16.61 die angewendete Abschreibungsmethode **zwingend den Nutzenverbrauch des Vermögenswertes widerspiegeln**. Sofern eine steuerliche Abschreibungsmethode bzw. ihr Abschreibungsverlauf dem Verbrauch des wirtschaftlichen Nutzens des Vermögenswertes entspricht[19], kann sie auch im IFRS/IAS-Abschluss übernommen werden.

---

[18] Vgl. Gliederungspunkte 6.2.2.2.3 und 3.5.

[19] Hier kommen insbesondere die Abschreibungsmethoden nach § 7 EStG in Betracht, die dem Handelsrecht entsprechen (lineare, degressive und leistungsabhängige Abschreibung).

Steuerliche Abschreibungen, die **wirtschaftsfördernde Zielsetzungen** verfolgen, erfüllen diesen Anspruch nicht. So dürfen insbesondere Sonderabschreibungen nach dem Fördergebietsgesetz (§§ 2, 4 FördGG), Sonderabschreibungen zur Förderung kleinerer und mittlerer Betriebe (§ 7g EStG), Sonderabschreibungen für Investitionen, die dem Umweltschutz dienen (§ 7d EStG) oder erhöhte Absetzungen (§§ 7c, 7k – 7h EStG) im IFRS/IAS-Abschluss nicht berücksichtigt werden.

In diesem Zusammenhang sind auch die steuerlichen Rücklagenbildungen in Form des Sonderpostens mit Rücklageanteil (Rücklage nach § 6b EStG, Rücklage für Ersatzbeschaffung (EStR 6.6)) sowie die Ansparrücklage (§ 7g EStG) im IFRS/IAS-Abschluss unzulässig.

3.5 Wertminderungen/ Wertaufholungen von Vermögenswerten

IAS 36 regelt die Vornahme von **außerplanmäßigen Abschreibungen** (Wertminderung) und von **Zuschreibungen** (Wertaufholungen) bei Vermögenswerten, sofern die Einzelstandards keine eigenständigen Regelungen hierzu enthalten.[20] Im Wesentlichen ist IAS 36 für folgende Vermögenswerte relevant:
- Vermögenswerte des Sachanlagevermögens (IAS 16)
- Immaterielle Vermögenswerte (IAS 38)
- Geschäfts- oder Firmenwerte aus Unternehmenszusammenschlüssen (IFRS 3)
- Anteile an anderen Unternehmen (IAS 27; IAS 28; IAS 31)
- Finanzanlagen in Immobilien (IAS 40)

3.5.1 Wertminderungen

Die grundsätzliche Zielsetzung des IAS 36-Standards ist, eine **Überbewertung** der einzelnen Vermögenswerte zu verhindern. Eine Überbewertung liegt immer dann vor, wenn der **aktuelle Buchwert** über dem **erzielbaren Betrag** liegt. Der erzielbare Betrag ist der höhere Betrag, der sich aus dem (fiktiven) **Verkauf des Vermögenswertes**[21] oder seiner **Nutzung**[22] ergibt (IAS 36.6).

---

[20] IAS 36 ist bspw. nicht auf Vorräte (IAS 2), auf Vermögenswerte, die aus langfristigen Fertigungsaufträgen entstehen (IAS 11) oder auf als Finanzinvestition gehaltene Immobilien (IAS 40) anzuwenden. Vgl. im Einzelnen die Auflistung in IAS 36.2.

[21] Der Betrag, der durch den Verkauf des Vermögenswertes erzielt werden kann, ergibt sich aus dem beizulegenden Zeitwert abzüglich möglicher Veräußerungskosten (Nettozeitwert). Hierbei ist von Marktbedingungen zwischen sachverständigen sowie vertragswilligen Parteien auszugehen (IAS 36.6 und weitergehend IAS 36.25 ff.).

[22] Der Betrag, der aus der Nutzung des Vermögenswertes erzielt werden kann, stellt den Barwert der geschätzten zukünftigen Cash flows aus der fortgesetzten Nutzung des Vermögenswertes zuzüglich eines möglichen Liquidationserlöses (realisierbarer Restwert) dar (IAS 36.6 und weitergehend IAS 36.30 ff. und IAS 36.66 ff.).

Sofern der Buchwert über dem erzielbaren Betrag liegt, wird der Vermögenswert als **wertgemindert** bezeichnet. Die Prüfung, ob dies der Fall ist, wird **Wertminderungstest** bzw. **Impairment-Test** genannt. Die Differenz ist als **Wertminderungsaufwand** in Form einer **außerplanmäßigen Abschreibung** zu erfassen, wodurch der Buchwert des Vermögenswertes auf den erzielbaren Betrag herabgesetzt wird (IAS 36.1; IAS 36.59).

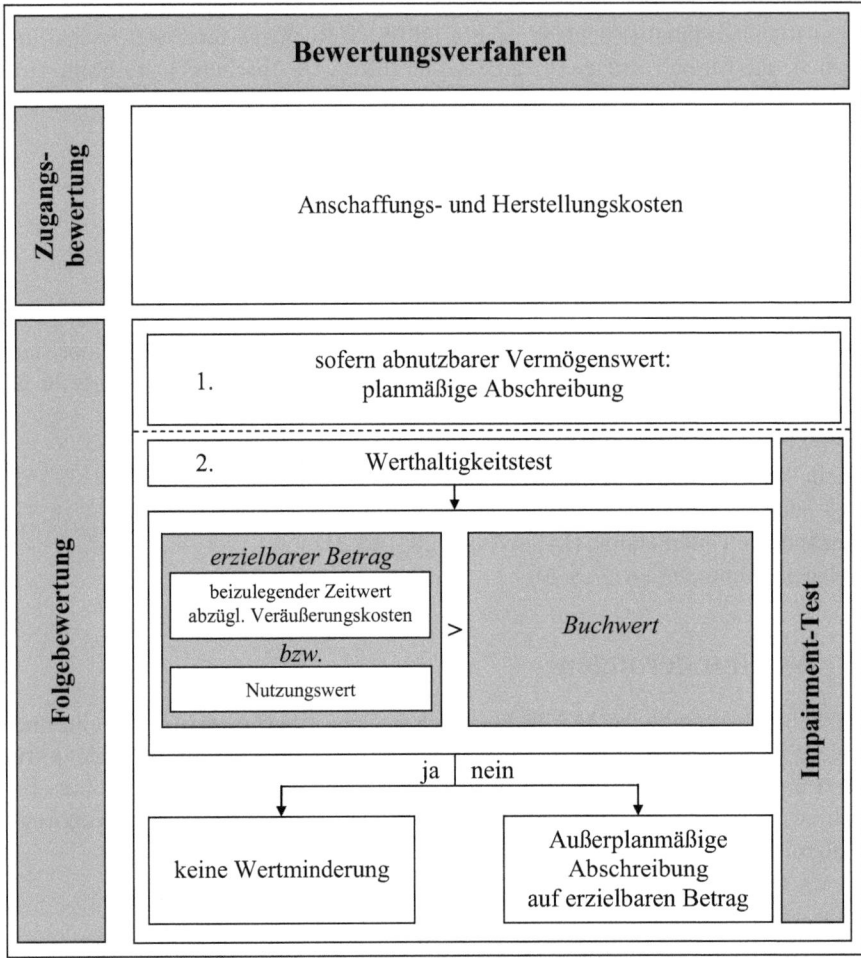

Abb. 3.1: Wertminderungstest

Handelsrechtlich stellt die außerplanmäßige Abschreibung stets Aufwand dar, der in der GuV erfolgswirksam zu erfassen ist. In der IFRS/IAS-Rechnungslegung hingegen ist die Behandlung des Wertminderungsaufwandes davon abhängig, ob der Vermögenswert zu

3.5 Wertminderungen/ Wertaufholungen von Vermögenswerten

- **fortgeführten Anschaffungs- und Herstellungskosten** oder
- nach der **Neubewertungsmethode**

bewertet wird.

Sofern der Vermögenswert zu **fortgeführten Anschaffungs- und Herstellungskosten** bewertet wird, ist die außerplanmäßige Abschreibung erfolgswirksam in der GuV – analog dem Handelsrecht – zu verbuchen. Diese Behandlung ist aber nur zulässig, wenn der jeweilige Vermögenswert im Vorfeld nicht nach der Neubewertungsmethode bewertet ist.

Erfolgt die Bewertung des Vermögenswertes nach der **Neubewertungsmethode**, ist die außerplanmäßige Abschreibung (Wertminderungsaufwand) **erfolgsneutral** gegen die **Neubewertungsrücklage** zu verrechnen und **nicht erfolgswirksam** in der GuV zu verbuchen. Die Neubewertungsmethode bzw. die Neubewertungsrücklage – die im Vergleich zum Handelsrecht eine Besonderheit darstellt – wird eingehender unter Berücksichtigung von Beispielen unter dem Gliederungspunkt 6.2.2.2.3 behandelt.

Nach IAS 36.9 hat das Unternehmen zu jedem Bilanzstichtag (erneut) zu überprüfen, ob eine Wertminderung des jeweiligen Vermögenswertes vorliegt (Wertminderungstest). Unabhängig davon, ob Anhaltspunkte dafür vorliegen oder nicht. Unter dem Aspekt der Wesentlichkeit (IAS 36.15) kann auf den Wertminderungstest (Impairment-Test) verzichtet werden, wenn bei dem letzten durchgeführten Werthaltigkeitstest ein wesentlich über dem Buchwert liegender erzielbarer Betrag festgestellt wurde und das wirtschaftliche Umfeld im Wesentlichen unverändert geblieben ist.

IAS 36.12 unterscheidet bezüglich der Anhaltspunkte für Wertminderungen externe und interne Informationsquellen.

Externe Informationsquellen sind bspw.:
- Der Marktwert eines Vermögenswertes ist im Geschäftsjahr deutlich stärker gesunken, als dies durch Zeitablauf oder gewöhnliche Nutzung zu erwarten gewesen wäre.
- Im Geschäftsjahr sind bzw. werden signifikante Veränderungen im technischen, marktpreisbezogenen, ökonomischen oder gesetzlichen Unternehmensumfeld mit wertmindernden Folgen bei den jeweiligen Vermögenswerten eintreten.
- Der Buchwert des Reinvermögens des Unternehmens ist größer als seine Marktkapitalisierung.

Interne Informationsquellen sind bspw.:
- Es liegen fundierte Hinweise für eine Überalterung oder einen physischen Schaden eines Vermögenswertes vor.
- Das interne Berichtswesen liefert substanzielle Hinweise, dass die wirtschaftliche Ertragskraft eines Vermögenswertes geringer ist oder sein wird als erwartet, weil bspw. die geplanten Ausgaben für Anschaffung, Herstellung, Betrieb oder Unterhaltung erheblich überschritten sind.

Nach der Darstellung des Ablaufs des Wertminderungstests ist noch einmal auf den *erzielbaren Betrag* zurückzukommen. Denn bei der Ermittlung des erzielbaren Betrages als Vergleichsmaßstab für den aktuellen Buchwert kann das Problem auftauchen, dass der erzielbare Betrag für den einzelnen zu prüfenden Vermögenswert in Form eines Verkaufspreises abzüglich möglicher Veräußerungskosten
- nicht ermittelbar ist, womit eine Einzelbewertung nicht möglich ist, oder
- der aktuelle Buchwert höher ist.

In dieser Situation ist der **Nutzungswert** des Vermögenswertes in Form des **Barwertes der abgezinsten**[23] **Cash flows**[24] zu ermitteln. Hierbei kann wiederum das Problem auftreten, dass dem einzelnen Vermögenswert keine von anderen Vermögenswerten unabhängigen Zahlungsströme aus der betrieblichen Nutzung zugeordnet werden können. Dies ist bspw. bei einzelnen Maschinen innerhalb einer Produktionsstraße der Fall, der nicht allein die angefallenen Produktionskosten (sofern sie zu Auszahlungen geführt haben) sowie die erzielten Umsatzerlöse (sofern sie zu Einzahlungen geführt haben) zugeordnet werden können.

Um dennoch den Nutzungswert ermitteln zu können, werden **Bewertungseinheiten** in Form von **zahlungsmittelgenerierenden Einheiten**, **cash generating units** genannt, gebildet. Dies sind die kleinsten identifizierbaren Gruppen von Vermögenswerten, die Mittelflüsse aus ihrer fortgesetzten Nutzung erzeugen (IAS 36.6 und 36.66 ff.). Sofern der erzielbare Betrag der zahlungsmittelgenerierenden Einheit geringer als ihr Buchwert ist, sind die Vermögenswerte, die die Einheit bilden, außerplanmäßig abzuschreiben.

---

[23] Der Zinssatz, mit dem die einzelnen Cash flows diskontiert werden, soll der Rendite entsprechen, die Marktteilnehmer bei einer mit dem Bewertungsobjekt vergleichbaren Anlage (hinsichtlich Investitionsvolumen, Anlagedauer bzw. zeitlicher Anfall der einzelnen Cash flows und dem Investitionsrisiko) erzielen können (IAS 36.56).

[24] Die einzelnen Cash flows stellen die Einzahlungsüberschüsse (Saldo aus Einzahlungen und Auszahlungen) des einzelnen Vermögenswertes oder der zahlungsmittelgenerierenden Einheit dar. Hierbei soll der Cash flow alle mit dem jeweiligen Vermögenswert/ zahlungsmittelgenerierenden Einheit in Zusammenhang stehenden Ein- und Auszahlungen, jedoch ohne Zins- und Dividendenzahlungen (und damit die Kapitalstruktur), berücksichtigen (sogenannter *free Cash flow*). Die Anzahl der zu ermittelnden jährlichen Cash flows bestimmt sich nach der wirtschaftlichen Nutzungsdauer des jeweiligen Vermögenswertes bzw. der zahlungsmittelgenerierenden Einheit. Sofern ein Vermögenswert aus mehreren Komponenten besteht, ist die Komponente mit der längsten wirtschaftlichen Nutzungsdauer maßgebend. Nach IAS 36.35 sollen die Cash flow-Prognosen wegen mangelnder verlässlicher Vorhersehbarkeit aber einen Zeitraum von fünf Jahren grundsätzlich nicht überschreiten.

3.5 Wertminderungen/ Wertaufholungen von Vermögenswerten

In der nachfolgenden Abbildung werden die vorstehenden Ausführungen zum Wertminderungstest grafisch zusammengefasst.

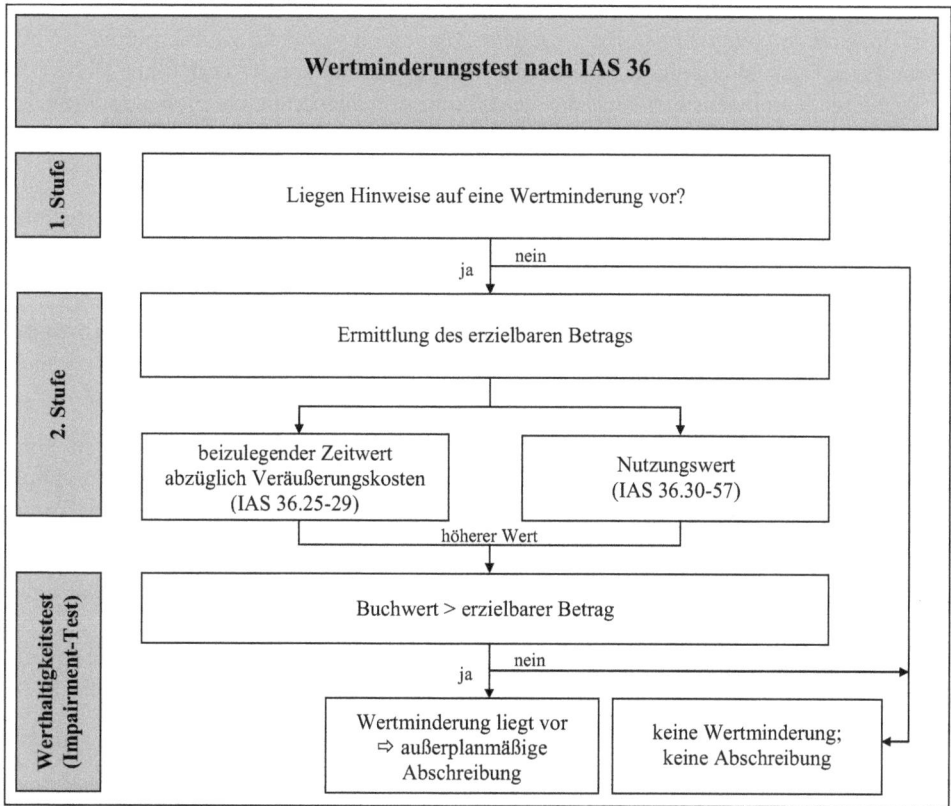

Abb. 3.2: Ablauf des Wertminderungstests

Die bilanzierende Unternehmung hat eine ganze Reihe von Angaben im **Anhang** über die Wertminderungen von Vermögenswerten nach IAS 36 zu geben. So ist bspw. über alle wesentlichen Wertminderungen des Geschäftsjahres und die im nachfolgenden behandelten Wertaufholungen zu berichten. Hierbei ist auch darzustellen, wie sie sich auf die Höhe des Ergebnisses des Geschäftsjahres ausgewirkt haben. Ferner die Beträge der Wertminderungsaufwendungen, die während des Geschäftsjahres in der Neubewertungsrücklage (Eigenkapital) erfasst wurden. Vergleiche im Einzelnen die Ausführungen von IAS 36.126 ff.

3.5.2 Wertaufholungen

Eine Wertaufholung (Zuschreibung) ist die Rückgängigmachung einer zuvor vorgenommenen außerplanmäßigen Abschreibung (Wertminderungsaufwand).

Das bilanzierende Unternehmen hat zu jedem Bilanzstichtag erneut zu überprüfen, ob Anhaltspunkte für eine Wertaufholung vorliegen. Liegen sie vor, ist der **erzielbare Betrag** für den jeweiligen Vermögenswert bzw. für die zahlungsmittelgenerierende Einheit (zusammenfassend und nachfolgend nur noch als Vermögenswert bezeichnet) zu ermitteln. Ist der **erzielbare Betrag** dann höher als der **aktuelle Buchwert**, ist zuzuschreiben (IAS 36.110).

Die Vornahme einer Wertaufholung und damit die Rückgängigmachung einer außerplanmäßig vorgenommenen Abschreibung ist jedoch beim **Geschäfts- oder Firmenwert** nicht zulässig (IAS 36.124).[25]

Der **erzielbare Betrag** ist – wie beim Impairment-Test – als **Verkaufspreis abzüglich Transaktionskosten** bzw. **Nutzungswert** definiert (IAS 36.114; IAS 36.115). Vergleiche hierzu die Ausführungen/ Definitionen im vorhergehenden Gliederungspunkt 3.5.1.

Der konkrete Wertaufholungsumfang ergibt sich dann aus der Differenz zwischen dem höheren erzielbaren Betrag und dem niedrigeren aktuellen Buchwert. Wobei die **betragliche Obergrenze der Wertaufholung** durch die Höhe der **fiktiv fortgeführten Anschaffungs- und Herstellungskosten** des Vermögenswertes begrenzt wird.

Die fiktiv fortgeführten Anschaffungs- und Herstellungskosten ergeben sich, wenn zuvor kein Wertminderungsaufwand erfasst und der Vermögenswert planmäßig abgeschrieben worden wäre. Es wird also dann der fiktive Buchwert zum Zeitpunkt der Wertaufholung berücksichtigt, wenn zuvor nicht außerplanmäßig abgeschrieben worden wäre (IAS 36.117).

Die Wertaufholung ist grundsätzlich erfolgswirksam in der GuV zu erfassen. Der Ausweis erfolgt unter den sonstigen betrieblichen Erträgen.

Sofern bei dem Wertaufholungstest festgestellt wird, dass der erzielbare Betrag über der Wertaufholungsobergrenze (fiktiv fortgeführte AHK) liegt, ist zu prüfen, ob die Berücksichtigung des überschießenden Betrags im Rahmen der Neubewertungsmethode in die **Neubewertungsrücklage** eingestellt werden kann. Hierzu sind dann die entsprechenden Einzelstandards maßgeblich.[26]

Sollte der Vermögenswert jedoch schon nach der Neubewertungsmethode bilanziert worden sein und eine vorhergehende Wertminderung (außerplanmäßige Abschreibung) die bestehende Neubewertungsrücklage herabgesetzt haben, ist die Wertaufholung wieder erfolgsneutral in die Neubewertungsrücklage einzustellen (IAS 36.119). Dies aber nur bis zur ur-

---

[25] Nach IAS 36.125 wird davon ausgegangen, dass in dieser Situation die Zuschreibung der Aktivierung eines selbst erstellten Firmen- oder Geschäftswertes gleichkäme.

[26] Vgl. bspw. bei den Sachanlagen IAS 16.31 ff.

3.5 Wertminderungen/ Wertaufholungen von Vermögenswerten

sprünglichen Höhe der Neubewertungsrücklage.[27] Ein möglicherweise überschießender Betrag ist erfolgswirksam in der GuV zu erfassen, genauso wie bei Vermögenswerten, für die in der Vergangenheit keine Neubewertungsrücklage gebildet wurde (IAS 36.120).

Eine einmal vorgenommene Neubewertung begrenzt damit betraglich zukünftige höhere Neubewertungen für diesen Vermögenswert. Sie können nur noch erfolgswirksam in der GuV erfasst werden.

Nach der Wertaufholung sind die **Abschreibungsbeträge** des betraglich gestiegenen Vermögenswertes anzupassen, indem der Restbuchwert auf die Restnutzungsdauer verteilt wird (IAS 36.121).

Zusammenfassung
Eine Wertaufholung spiegelt eine Erhöhung des geschätzten Leistungspotenzials eines Vermögenswertes/ zahlungsmittelgenerierende Einheit entweder durch die Nutzung oder durch den Verkaufswert seit dem Zeitpunkt wider, an dem das Unternehmen zuletzt ein Wertminderungsaufwand erfasst hat (IAS 36.115).

Fragen und Lösungen
1. Skizzieren Sie kurz den Ablauf des Wertminderungstests nach IAS 36!
Der Wertminderungstest (Impairment-Test) kommt im Rahmen der Folgebewertung von Vermögenswerten zur Anwendung. Hierbei wird geprüft, ob der *erzielbare Betrag* des Vermögenswertes betraglich höher ist als sein *Buchwert*. Sofern der erzielbare Betrag, der sich aus dem *beizulegendem Zeitwert* abzüglich möglicher Veräußerungskosten oder aus dem *Nutzungswert* ergibt, niedriger als der Buchwert ist, ist der Vermögenswert außerplanmäßig darauf abzuschreiben. Sofern der Buchwert kleiner als der erzielbare Betrag ist, liegt kein zu berücksichtigender Wertminderungsaufwand vor.

2. Was ist eine zahlungsmittelgenerierende Einheit (cash generating unit)?
Eine zahlungsmittelgenerierende Einheit stellt eine Bewertungseinheit dar, die sich aus der kleinsten identifizierbaren Gruppe von Vermögenswerten bildet, die Mittelflüsse erzeugen. Benötigt wird das Hilfskonstrukt der zahlungsmittelgenerierenden Einheit im Rahmen der Bewertung und zwar immer dann, wenn der Nutzungswert eines einzelnen Vermögenswertes nicht ermittelbar ist, weil ihm bspw. Ein- und Auszahlungen nicht zugeordnet werden können.

---

[27] Beispiele zur Neubewertungsrücklage finden Sie unter Gliederungspunkt 6.2.2.2.3.

4 Bestandteile eines IFRS/IAS-Abschlusses

Ein IFRS/IAS-Abschluss besteht aus **fünf** gleichwertigen Bestandteilen:
- Bilanz
- Gewinn- und Verlustrechnung (GuV)
- Eigenkapitalveränderungsrechnung
- Kapitalflussrechnung
- Anhang

Der aus dem Handelsrecht bekannte **Lagebericht** ist kein Pflichtbestandteil im IFRS/IAS-Abschluss.[28] Nach IAS 1.9 wird jedoch empfohlen einen **Bericht über die Unternehmenslage (financial review)** durch die Geschäftsführung offenzulegen, der hinsichtlich seines Inhaltes ähnliche Berichtselemente aufweist wie der handelsrechtliche Lagebericht.[29]

Neben der Aufzählung der eben genannten Pflichtbestandteile eines IFRS/IAS-Abschlusses müssen Unternehmen, deren Aktien oder schuldrechtliche Wertpapiere an einer Börse gelistet sind, zusätzlich verpflichtend eine **Segmentberichterstattung** (IAS 14) sowie Angaben zum **Ergebnis je Aktie** (IAS 33) machen. Die Segmentberichterstattung erfolgt im Anhang, die Angabe des Ergebnisses je Aktie wird in der GuV im Anschluss an das Periodenergebnis gegeben.

Unternehmensgrößenabhängige Befreiungen hinsichtlich Erstellung, Prüfung und Offenlegung des Abschlusses sind – im Gegensatz zum HGB – nicht vorgesehen.

Gemäß § 315a Abs. 1 HGB (Konzernabschluss) bzw. § 325 Abs. 2a HGB (Einzelabschluss) ist der IFRS/IAS-Abschluss in **deutscher Sprache** abzufassen und in **Euro** aufzustellen.

---

[28] Für alle deutschen Konzerne, die nach IFRS/IAS bilanzieren, ergibt sich durch § 315a Abs. 1 HGB weiterhin die Pflicht neben dem IFRS/IAS-Abschluss einen Konzernlagebericht entsprechend § 315 HGB zu erstellen und zu publizieren.

[29] Seit 2004 hat das IASB eine Arbeitsgruppe *Management Commentary* gebildet, die sich mit einer ergänzenden Berichterstattung als separates Berichtsinstrument neben dem Jahresabschluss befasst, was ggf. zu einem Standardsetzungsprozess führen kann. Inhalt des Management Commentaries sollen Ergänzungen und Erweiterungen der Jahresabschlussinformationen sein, die auch eine Unternehmensanalyse und Zukunftsorientierung des Managements enthalten sollen.

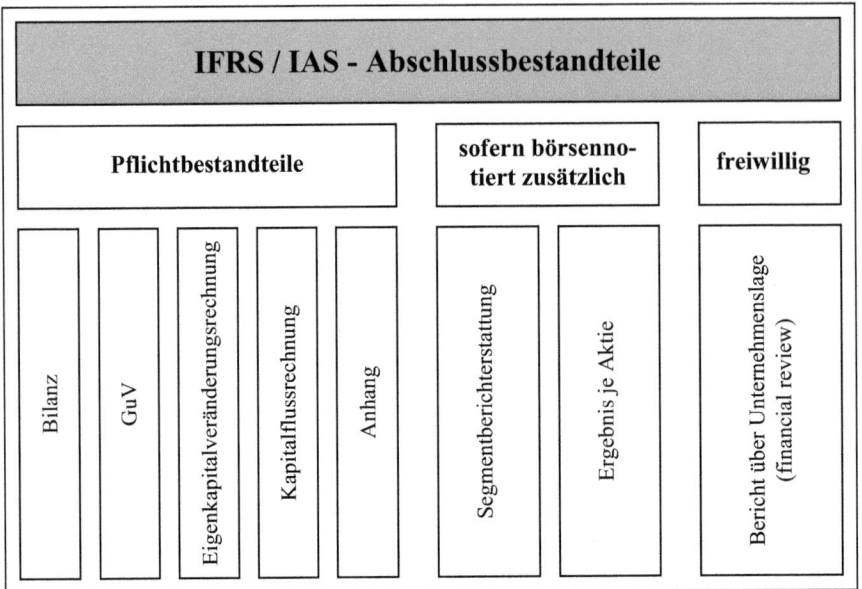

Abb. 4.1: Bestandteile eines IFRS/IAS-Abschlusses

In den nachfolgenden Gliederungspunkten werden die einzelnen Abschlussbestandteile behandelt.

5 Grundsätzliches zur Bilanz

Die IFRS/IAS-Bilanz setzt sich zusammen aus:[30]
- Vermögenswerten (assets)
- Schulden (liabilities)
- Eigenkapital (equity)

Die Vermögenswerte und Schulden sind jeweils in **langfristige** und **kurzfristige** Posten aufzuteilen (current/ non-current presentation), da die Bilanzgliederung grundsätzlich nach der **Fristigkeit** zu erfolgen hat (IAS 1.51). Ausnahmsweise ist aber auch eine Gliederung nach der Liquiditätsnähe zulässig.

Handelsrechtlich entspricht die Gliederung nach der Fristigkeit der Einteilung der Vermögenswerte in das Anlage- und Umlaufvermögen, so dass sich das handelsrechtliche Umlaufvermögen weitgehend mit den kurzfristigen Posten des IFRS/IAS-Abschlusses deckt. **Kurzfristige Vermögenswerte** im IFRS/IAS-Abschluss sind solche,
- die im Rahmen des normalen Geschäftsbetriebs verkauft oder verbraucht werden sollen oder
- die für Handelszwecke von der Unternehmung gehalten werden (bspw. Wertpapiere) und
- deren Realisierung innerhalb von 12 Monaten erwartet wird sowie
- Zahlungsmittel und Zahlungsmitteläquivalente.

Schulden werden als **kurzfristig** definiert, wenn
- ihre Tilgung innerhalb des gewöhnlichen Geschäftsverlaufes des Unternehmens erwartet wird,
- sie primär für Handelszwecke gehalten werden,
- ihre Tilgung innerhalb von 12 Monaten nach dem Bilanzstichtag erwartet wird oder
- das Unternehmen keine Möglichkeit besitzt, die Tilgung der Verpflichtung um mindestens 12 Monate nach dem Bilanzstichtag zu erreichen.

Alle anderen Vermögenswerte bzw. Schulden, die nicht **mindestens** eines der jeweils vorstehenden Merkmale erfüllen, sind als **langfristig** einzustufen (IAS 1.57; IAS 1.60).

---

[30] Im Vergleich zum Handelsrecht fehlen die Rechnungsabgrenzungsposten (§ 247 HGB). Sie dürfen im IFRS/IAS-Abschluss nur als Forderungen aktiviert oder als Schulden passiviert werden, wenn sie die Voraussetzungen eines Vermögenswertes (assets) bzw. einer Schuld (liability) erfüllen.

Die IFRS/IAS sehen im Gegensatz zu §§ 266 und 275 HGB **kein bestimmtes Layoutformat** für Bilanz und GuV vor. Durch IAS 1.68 werden lediglich **Mindestangaben** gefordert, wonach mindestens folgende Posten in einer IFRS/IAS-Bilanz anzuführen sind:

1. Sachanlagen
2. Finanzinvestitionen in Immobilien
3. immaterielle Vermögenswerte
4. finanzielle Vermögenswerte (ohne Beträge, die unter den Nr. 5, 8, 9 ausgewiesen sind)
5. nach der Equity-Methode bilanzierte Finanzanlagen
6. biologische Vermögenswerte
7. Vorräte
8. Forderungen aus Lieferungen und Leistungen sowie sonstige Forderungen
9. flüssige Mittel
10. Verbindlichkeiten aus Lieferungen und Leistungen sowie sonstige Verbindlichkeiten
11. Rückstellungen
12. finanzielle Schulden (ohne Beträge, die in den Nr. 10 und 11 ausgewiesen sind)
13. tatsächliche Steuerschulden und Steuererstattungsansprüche (IAS 12; Income Taxes)
14. latente Steuerschulden und Steuererstattungsansprüche (IAS 12; Income Taxes)
15. im Eigenkapital ausgewiesene Minderheitenanteile
16. gezeichnetes Kapital und Rücklagen, die auf die Eigenkapitalgeber des Mutterunternehmens entfallen

Weitere Posten, Überschriften oder Zwischensummen sind in der IFRS/IAS-Bilanz abzubilden, wenn dies ein **Standard** verlangt oder solch eine Darstellung notwendig ist, um die **Vermögens- und Finanzlage** des Unternehmens den tatsächlichen Verhältnissen entsprechend abzubilden.

Auch die Abfolge der einzelnen Bilanzposten wird durch IAS 1 – im Gegensatz zum Handelsrecht – nicht festgelegt. Es wird lediglich unterschieden zwischen **kurz- und langfristigen Vermögenswerten bzw. kurz- und langfristigen Schulden** (IAS 1.51-1.56).

Danach ergibt sich folgende Mindestgliederung der Bilanz, die nur Hauptposten und keine möglichen Unterposten zeigt:

5 Grundsätzliches zur Bilanz

Aktiva	IFRS/IAS-Bilanz (gemäß IAS 1.68)	Passiva
A. Langfristige Vermögenswerte (Anlagevermögen) I. Immaterielle Vermögenswerte II. Sachanlagen III. Finanzielle Vermögenswerte (Finanzanlagen) IV. Als Finanzinvestitionen gehaltene Immobilien V. Nach der Equity-Methode bilanzierte Finanzanlagen VI. Biologische Vermögenswerte VII. Latente Steuern **B. Kurzfristige Vermögenswerte (Umlaufvermögen)** I. Vorräte II. Forderungen aus Lieferungen und Leistungen III. Sonstige Forderungen IV. Steuererstattungsansprüche V. Zahlungsmittel und Zahlungsmitteläquivalente		**A. Eigenkapital** I. Gezeichnetes Kapital II. Rücklagen III. Neubewertungsrücklage IV. Gewinn/ Verlust **B. Langfristige Schulden** I. Rückstellungen II. Verbindlichkeiten aus Lieferungen und Leistungen III. Sonstige Verbindlichkeiten IV. Finanzielle Schulden V. Latente Steuern **C. Kurzfristige Schulden** I. Rückstellungen II. Verbindlichkeiten aus Lieferungen und Leistungen III. Sonstige Verbindlichkeiten IV. Steuerschulden

Abb. 5.1: IFRS/IAS-Bilanz

Fragen und Lösungen

1. Was bedeutet bzw. wofür steht die Abkürzung *IASB*?
   Die Abkürzung steht für *International Accounting Standards Board* und bezeichnet das Gremium, das die einzelnen IAS bzw. IFRS erlässt.

2. Woraus setzen sich im Einzelnen die Rechnungslegungsnormen bzw. das Regelungswerk des IASB zusammen?
   Das IASB-Regelungswerk besteht aus insgesamt fünf Teilen:
   – Vorwort zu den IFRS/IAS
   – Rahmenkonzept (Framework)
   – Leitfaden zur Anwendung
   – die einzelnen Standards (IFRS/IAS)
   – Interpretationen

6 Die Aktivseite der Bilanz

Wie beim handelsrechtlichen Abschluss wird auch beim IFRS/IAS-Abschluss die Frage des **Ansatzes** der einzelnen Bilanzposten durch ein **zweistufiges Prüfungsschema** geklärt. Im ersten Schritt erfolgt
- die Prüfung der **abstrakten** Bilanzierungsfähigkeit, und sofern sie erfüllt ist folgt – und nur dann –
- die Prüfung der **konkreten** Bilanzierungsfähigkeit.

Bei der Prüfung der abstrakten Bilanzierungsfähigkeit wird durch das Framework zunächst eine allgemeine Definition der Wesensmerkmale der einzelnen Abschlussposten vorgenommen (F. 47-68). Sofern diese Merkmale bzw. Bedingungen erfüllt sind, wird dann im zweiten Prüfungsschritt die konkrete Bilanzierungsfähigkeit geprüft. Hierbei sind dann weitere spezielle Ansatzkriterien zu prüfen und damit die Festlegung, ob die einzelnen Sachverhalte bzw. Geschäftsvorfälle tatsächlich in die Bilanz aufzunehmen sind oder nicht (F. 82-93).

Der Ansatz der einzelnen Vermögenswerte richtet sich grundsätzlich zunächst nach den Regelungen der einzelnen IFRS/IAS-Standards.[31] Nur soweit in den IFRS/IAS-Standards keine (speziellen) Regelungen enthalten sind, sind die allgemeinen Kriterien des Frameworks heranzuziehen. Danach liegt ein Vermögenswert (Asset) vor, wenn folgende drei Merkmale **kumulativ** erfüllt sind (F. 49(a)):[32]
- Das bilanzierende Unternehmen hat die **Verfügungsmacht** über eine Ressource,
- die das **Ergebnis aus Geschäftsvorfällen** ist oder aus **Ereignissen der Vergangenheit** resultiert und
- von der erwartet wird, dass daraus dem Unternehmen künftig ein **wirtschaftlicher Nutzen zufließt**.

Hierbei kann die Ressource materieller wie auch immaterieller Natur sein.

Die **Verfügungsmacht** liegt regelmäßig immer dann vor, wenn das zivilrechtliche Eigentum an der Ressource beim bilanzierenden Unternehmen liegt. Jedoch geht – wie auch nach dem HGB – das **wirtschaftliche Eigentum** dem zivilrechtlichen vor (F. 51). Diese Ausnahme ist

---

[31] Bspw. IAS 16 für das Sachanlagevermögen, IAS 38 für immaterielle Vermögenswerte oder IFRS 3 für den Firmen- oder Geschäftswert.

[32] In der IFRS/IAS-Rechnungslegung sind Bilanzierungshilfen, wie sie das HGB vorsieht (§ 269 HGB: Ingangsetzungs- und Erweiterungsaufwendungen, § 274 HGB: Aktivisch latente Steuern), nicht vorgesehen. Gleichwohl ist aber denkbar, dass aufgrund der „breiten" Definition des Vermögenswertbegriffs solche Sachverhalte bzw. Geschäftsvorfälle als Vermögenswert bilanzierungsfähig sind, was aber im Einzelfall dann geprüft werden muss.

bspw. bei bestimmten Leasingverhältnissen gegeben (IAS 17).[33] Von daher kann auch ohne rechtliches Eigentum die Verfügungsmacht an einer Ressource vorliegen.[34]

Durch die Bedingung, dass die Ressource ein Resultat eines **vergangenen** Geschäftsvorfalles oder Ereignisses[35] sein muss, wird klargestellt, dass **künftige** erwartete Ereignisse keinen Vermögenswert begründen (F. 58), wie bspw. Absichtserklärungen zum Kauf einer Maschine. Ebenso führen schuldrechtliche Ansprüche aus einem abgeschlossenen Kaufvertrag (noch) zu keiner Begründung eines Vermögenswertes, so dass – wie auch nach dem HGB – keine **schwebenden Geschäfte** bilanziert werden (F. 91). Ausnahmen hiervon bestehen lediglich bei Finanzderivaten und drohenden Verlusten aus schwebenden Geschäften.

Durch das Merkmal, dass dem Unternehmen **künftiger wirtschaftlicher Nutzen** aus der Ressource **zufließen** muss, wird gefordert, dass der Bestand der Zahlungsmittel oder der Zahlungsmitteläquivalente im Unternehmen erhöht wird oder dass ihr Abfluss vermindert wird[36] (F. 53).

Damit sind die Merkmale der **abstrakten** Bilanzierungsfähigkeit eines IFRS/IAS-Vermögenswertes anders gefasst als nach den handelsrechtlichen Regelungen.[37]

Die Prüfung der **konkreten** Bilanzierungsfähigkeit klärt, ob ein Vermögenswert tatsächlich in der Bilanz auszuweisen ist. Hierzu muss er noch zwei weitere Ansatzkriterien erfüllen (F. 89):

- Es ist wahrscheinlich, dass der aus der Ressource zukünftig dem bilanzierenden Unternehmen zufließende wirtschaftliche Nutzen auch tatsächlich zufließt und
- dieser Wert verlässlich ermittelt werden kann.

Sofern die vorstehenden Merkmale erfüllt sind, ist der Sachverhalt zwingend zu aktivieren, sofern kein **Aktivierungsverbot** dem entgegensteht bzw. ein Wahlrecht die Aktivierung in das Ermessen des bilanzierenden Kaufmanns legt.

Im Framework wird leider keine zu erreichende Mindestwahrscheinlichkeit bezügl. der Zuflusswahrscheinlichkeit des wirtschaftlichen Nutzens angegeben, was zu einer entsprechenden Diskussion in der Literatur geführt hat, wobei Werte von mehr als 50 % bis hoch zu 80 % gefordert werden.[38] Die Ermittlung der Wahrscheinlichkeit hat zum Zeitpunkt der Abschlusserstellung zu erfolgen.

---

[33] Vgl. die Ausführungen unter dem Gliederungspunkt 6.4.

[34] Bei der Beurteilung der Frage, ob das bilanzierende Unternehmen die Verfügungsmacht über einen Vermögenswert besitzt, ist von der wirtschaftliche Betrachtungsweise auszugehen und nicht vom rechtlichen Eigentum. Das rechtliche Eigentum kann nur ein Indiz für die wirtschaftliche Zurechnung des Vermögenswertes sein (F. 57).

[35] Geschäftsvorfälle oder andere Ereignisse der Vergangenheit resultieren regelmäßig aus Einkäufen bzw. der Leistungserstellung (Produktion) sowie der Leistungsverwertung (Absatz) der erstellten Produkte und Dienstleistungen.

[36] Bspw. wenn durch ein alternatives Herstellungsverfahren Produktionskosten gesenkt werden.

[37] Die handelsrechtlichen Merkmale der abstrakten Bilanzierungsfähigkeit sind die Zuordnung des Geschäftsvorfalls zum betrieblichen Bereich (Betriebsvermögen), das Innehaben des wirtschaftlichen Eigentums, die Einzelbewert- und Einzelveräußerbarkeit. Sind alle Merkmale erfüllt, liegt ein handelsrechtlicher Vermögensgegenstand vor.

[38] Vgl. bspw. Beck´sches IFRS-Handbuch, 2. Aufl. 2006, S. 134 Rz. 12.

Bei dem zweiten Merkmal, der Ermittlung des zufließenden Wertes, sind auch Schätzungen zulässig, sofern sie hinreichend genau sind. Leider definiert das Framework an dieser Stelle auch wieder nicht, wann das Kriterium der hinreichenden Genauigkeit erfüllt ist.

In der nachfolgenden Abbildung werden die Merkmale der abstrakten und konkreten Bilanzierungsfähigkeit zusammenfassend als Prüfschema wiedergegeben.

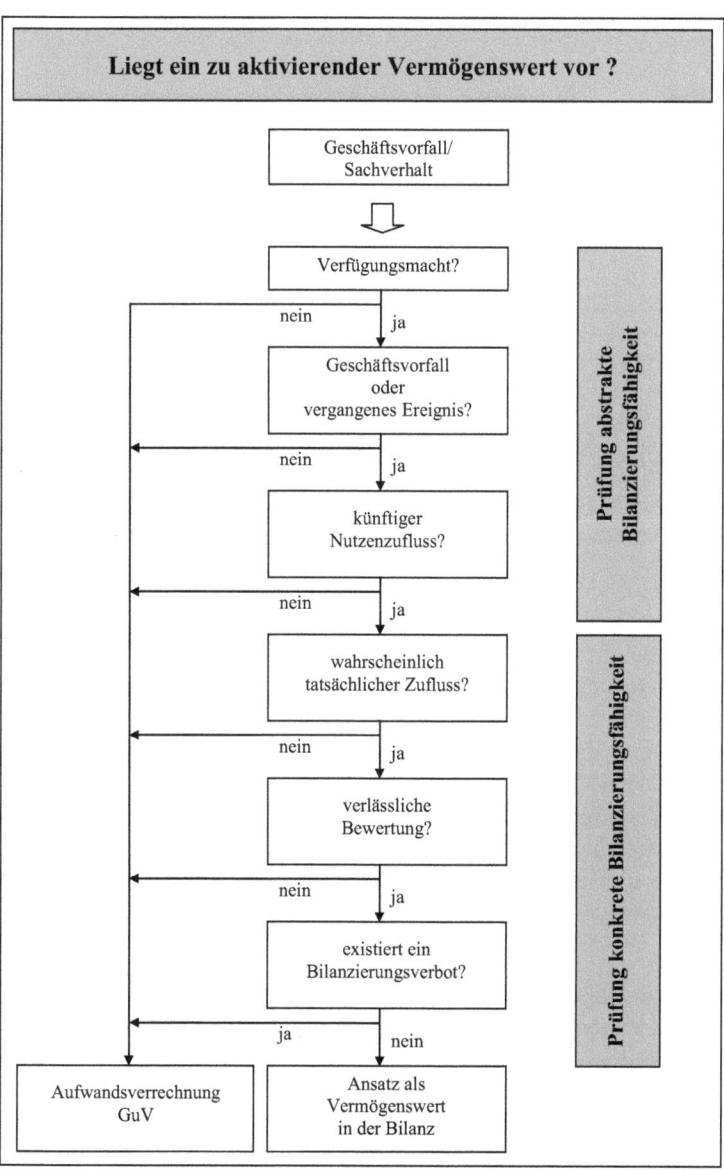

Abb. 6.1: Prüfungsschema zur abstrakten und konkreten Bilanzierungsfähigkeit

> **Beispiel:**
> Die Willi Pfiffig GmbH schult seit vielen Jahren mit erheblichem Aufwand Mitarbeiter, die in der Forschungsabteilung tätig sind. Das aufgebaute Know-how ist erkennbar. Zu jeder Zeit erarbeiten die geschulten Mitarbeiter hervorragende Lösungen zu konkreten Fragestellungen.
>
> Der Geschäftsführer Willi Pfiffig möchte nun einen Vermögenswert „Mitarbeiter-Know-how" aktivieren. Darf er das nach IFRS?
>
> **Lösung:**
> Die Willi Pfiffig GmbH verfügt zwar über eine Ressource, deren Grundlage in der Vergangenheit geschaffen wurde, aber der Zufluss des künftigen Nutzens ist nicht sichergestellt, da der einzelne Mitarbeiter kündigen und ausscheiden kann. Deshalb darf keine Aktivierung erfolgen.
>
> Quelle in Anlehnung an: Ditges, Johannes/ Arendt, Uwe: Internationale Rechnungslegung nach IFRS, 1. Auflage, Friedrich Kiehl Verlag, Ludwigshafen 2004, S. 32

6.1 Immaterielle Vermögenswerte

6.1.1 Definition/ Ansatz/ Ausweis/ Anhang

IAS 38 gilt grundsätzlich für alle immateriellen Vermögenswerte, sofern nicht ein anderer IFRS/IAS als „Spezialregel" vorgeht. Im Einzelnen können das sein:
- Finanzielle Vermögenswerte, die unter IAS 39 fallen,
- Geschäfts- oder Firmenwerte, die im Rahmen eines Unternehmenszusammenschlusses angeschafft wurden (IFRS 3),
- immaterielle Vermögenswerte, die sich bei Versicherungsunternehmen aus Verträgen mit Policeninhabern ergeben (IFRS 4),
- langfristige immaterielle Vermögenswerte, die zum Verkauf stehen (IFRS 5),
- Rechte an Mineralien sowie Erschließungs- und Förderkosten für Mineralien, Öl, Gas oder ähnliche nicht regenerative Ressourcen (IFRS 6),
- immaterielle Vermögenswerte, die durch andere Standards geregelt sind (z.B. in IAS 2, 11, 12, 17, 19).

IAS 38.8 **definiert** einen immateriellen Vermögenswert (Intangible Assets) als einen
- identifizierbaren, nicht monetären Vermögenswert ohne physische Substanz,
- der für die Herstellung/ Erbringung von Erzeugnissen/ Dienstleistungen, die Vermietung an Dritte oder für Zwecke der eigenen Verwaltung genutzt wird.

Das Merkmal der **Identifizierbarkeit** ist erfüllt, wenn der Vermögenswert als solcher einzeln erkennbar/ separierbar ist (**selbständig verkehrsfähig**); also ohne das Unternehmen einzeln oder zusammen mit einem anderen Vermögenswert oder einer Verbindlichkeit verkauft, übertragen, lizenziert, vermietet oder ausgetauscht werden kann. Ferner gilt ein Vermögenswert als identifizierbar, sofern er auf vertraglich eingeräumten oder anderen gesetzlichen Rechten beruht, unabhängig davon, ob diese Rechte übertragbar oder abtrennbar sind.

Vermögenswerte, die sowohl einen materiellen als auch immateriellen Anteil aufweisen, wie bspw. Software auf einer CD-ROM, Filme oder Rechtsdokumente (Lizenzen, Patente), sind entsprechend ihrer relativen Bedeutung zum materiellen Element zu beurteilen (IAS 38.4). Insofern ist eine **Wesentlichkeitsbetrachtung** vorzunehmen, ob der Geschäftsvorfall dem Sachanlagevermögen (IAS 16) oder den immateriellen Vermögenswerten (IAS 38) zuzuordnen ist.

> Beispiele:
> Eine Anwendungssoftware (bspw. Schreibprogramm, Kalkulationsprogramm) auf einer Installationsdiskette bzw. CD stellt einen immateriellen Vermögenswert dar. Der Datenträger als solcher tritt hinsichtlich seines materiellen Gehaltes bzw. Wertes hinter die immaterielle Software zurück.
>
> Hingegen ist eine Steuerungssoftware für eine computergestützte Fräsmaschine, ohne die die Maschine als solche nicht betriebsfähig ist, als Bestandteil der Maschine zu werten und demzufolge als Sachanlage zu bilanzieren.

Ein immaterieller Vermögenswert nach IAS 38, der die obigen Merkmale besitzt, ist in der Bilanz aber erst auszuweisen, wenn folgende drei **Ansatzkriterien** kumulativ erfüllt sind:
- Es liegt ein immaterieller Vermögenswert gemäß IAS 38.8 vor und
- es ist wahrscheinlich, dass der mit dem Vermögenswert verbundene zukünftige wirtschaftliche Nutzen dem Unternehmen auch tatsächlich zufließt und
- die Anschaffungs- oder Herstellungskosten des Vermögenswertes verlässlich ermittelt werden können.

Sobald mindestens eins der drei vorstehenden Aktivierungskriterien nicht erfüllt ist, darf der Vermögenswert nicht aktiviert werden. Er ist dann in der GuV in voller Höhe erfolgswirksam zu verbuchen.

Die Ausführungen machen deutlich, dass es sich bei den IFRS/IAS im Gegensatz zum § 248 Abs. 2 HGB nicht nur um immaterielle Vermögenswerte des Anlagevermögens handeln muss, die **entgeltlich** erworben wurden. Hierdurch werden in der IFRS/IAS-Bilanz grundsätzlich auch immaterielle Vermögenswerte des Anlagevermögens erfasst, die durch das Unternehmen selbst geschaffen wurden.

Die immateriellen Vermögenswerte sind mit dieser Bezeichnung als eigenständiger Bilanzposten im IFRS/IAS-Abschluss auszuweisen (IAS 1.68).

Eine Untergliederung nach Art, Verwendung oder Liquidierbarkeit wird notwendig, wenn dies für das Verständnis der Vermögens- und Finanzlage erforderlich ist (IAS 1.69 ff.). Sofern immaterielle Vermögenswerte zum Verkauf vorgesehen sind, sind sie zwingend separat auszuweisen (IAS 1.68A; IFRS 5).

Die bilanzierende Unternehmung hat bezüglich der immateriellen Vermögenswerte umfangreiche sowie zahlreiche **Anhangangaben** zu geben. Ohne an dieser Stelle ins Detail zu gehen, sind bspw. für jede Gruppe immaterieller Vermögenswerte (Software, Lizenzen, Patente, Urheberrechte, Modelle, Entwicklungskosten usw.) die Nutzungsdauern, Abschreibungsmethoden, außerplanmäßigen Abschreibungen, Begründungen über die Annahme unbestimmter Nutzungsdauern usw. zu liefern. Im Einzelnen wird auf IAS 38.118 ff. verwiesen.

6.1.2 Bewertung

Im **Zugangszeitpunkt** ist der immaterielle Vermögenswert mit seinen **Anschaffungs- oder Herstellungskosten** zu bewerten (IAS 38.24).

Im Rahmen der **Folgebewertung** sind die immateriellen Vermögenswerte grundsätzlich mit **den fortgeführten Anschaffungs- und Herstellungskosten** zu bewerten. Sofern ein aktiver Markt für den jeweilig zu bewertenden immateriellen Vermögenswert besteht, kann alternativ auch die **Neubewertungsmethode**[39] gewählt werden. Da in der Regel ein aktiver Markt für immaterielle Vermögenswerte aber nicht besteht, hat die Neubewertungsmethode in der Praxis kaum Bedeutung erlangt.[40]

Bei der Folgebewertung zu fortgeführten Anschaffungs- und Herstellungskosten ist nach IAS 38.88 zu unterscheiden, ob die Nutzungsdauer[41] des immateriellen Vermögenswertes
- unbegrenzt oder
- begrenzt ist.

6.1.2.1 Unbegrenzte Nutzungsdauer

Immaterielle Vermögenswerte mit unbegrenzter (oder nicht bestimmbarer) Nutzungsdauer werden nicht (planmäßig) abgeschrieben (IAS 38.89; IAS 38.107).

---

[39] Die Neubewertungsmethode wird unter dem Gliederungspunkt 6.2.2.2.3 bzw. 3.5.1 behandelt.

[40] IAS 38.78 selbst hält einen aktiven Markt für immaterielle Vermögenswerte eher für unwahrscheinlich. Es wird in dem Standard davon ausgegangen, dass es keinen aktiven Markt für Markennamen, Drucktitel bei Zeitungen, Musik- und Filmverlagsrechten, Patenten oder Warenzeichen gibt, da sie durch die überwiegend einzelvertragliche Bildung jeweils einzigartig sind, wodurch repräsentative aktive Märkte mit vergleichbaren gehandelten immateriellen Vermögenswerten nicht gegeben sind.

Bei dem seit 2005 bestehenden Handel mit Emissionsrechten wird das Erfordernis eines aktiven Marktes in der Diskussion aber als gegeben angesehen. Hingegen wird der aktive Markt bei staatlich ausgegebenen Taxi- oder Fischereilizenzen aber wieder in Frage gestellt. Vgl. Beck'sches IFRS-Handbuch, 2. Aufl. 2006, S. 115 Rz. 57 und S. 121 Rz. 74.

[41] Für die Bestimmung der Nutzungsdauer liefert IAS 38.90 zahlreiche und nicht abschließende Einflussfaktoren, wenngleich IAS 38.88 hinsichtlich der Festlegung, ob die Nutzungsdauer begrenzt oder unbegrenzt ist, nur auf periodisierte Cash flows abstellt. Kann die bilanzierende Unternehmung die erwarteten Cash flows einzelnen Geschäftsjahren zuordnen (periodisieren), liegt eine begrenzte Nutzungsdauer vor. Andernfalls eine unbegrenzte. Immaterielle Vermögenswerte mit unbegrenzter Nutzungsdauer liegen bspw. bei Warenzeichen vor, die fortwährend preisgünstig verlängerbar sind, oder bei unbefristet erteilten Rundfunklizenzen. Insofern soll nach IAS 38.91 der Begriff *unbegrenzt* auch nicht dieselbe Bedeutung haben wie *endlos*. Vgl. auch Beck'sches IFRS-Handbuch, 2. Aufl. 2006, S. 116 Rz. 58.

Gleichwohl ist zu den Bilanzstichtagen bzw. immer dann, wenn Anhaltspunkte für eine Wertminderung vorliegen, zu prüfen, ob der **erzielbare Betrag** geringer als der aktuelle Buchwert ist (Werthaltigkeitstest (Impairment-Test); IAS 38.108; IAS 36.10).[42] Sofern der erzielbare Betrag geringer als der aktuelle Buchwert des immateriellen Vermögenswertes ist, muss er außerplanmäßig auf den erzielbaren Betrag abgeschrieben werden.

Der erzielbare Betrag ist nach den Regelungen von IAS 36 zu ermitteln (IAS 38.110) und ergibt sich aus dem **beizulegenden Zeitwert** bzw. dem **Nutzungswert**. Der höhere dieser beiden Werte stellt dann den erzielbaren Betrag dar.

Der beizulegende Zeitwert im Zusammenhang mit immateriellen Vermögenswerten soll im Gegensatz zu dem Nutzungswert[43] an dieser Stelle eingehender behandelt werden.

Der **beizulegende Zeitwert** stellt den, zwischen unabhängigen Geschäftspartnern, kaufvertraglich festgelegten Preis dar, von dem aber mögliche Veräußerungskosten noch abgezogen werden (IAS 36.25). Sollte kein Kaufvertrag vorhanden sein, der immaterielle Vermögenswert jedoch auf einem aktiven Markt gehandelt werden, stellt der jeweilige Marktpreis den beizulegenden Zeitwert dar (IAS 36.26). Sofern auch kein aktiver Markt vorhanden ist, muss die bilanzierende Unternehmung den beizulegenden Zeitwert schätzen. Hierzu unterstellt sie einen fiktiven Verkauf des immateriellen Vermögenswertes zu Marktbedingungen zwischen sachverständigen, vertragswilligen und voneinander unabhängigen Geschäftspartnern unter Berücksichtigung möglicher Veräußerungskosten (IAS 36.27).

6.1.2.2 Begrenzte Nutzungsdauer

Immaterielle Vermögenswerte mit einer begrenzten Nutzungsdauer werden ab dem Zeitpunkt der Betriebsbereitschaft (unabhängig von dem Zeitpunkt der tatsächlichen Inbetriebnahme) planmäßig linear, degressiv oder leistungsabhängig abgeschrieben, wobei die gewählte Abschreibungsmethode den bestmöglichen Nutzenverlauf widerspiegeln soll. Sofern der Nutzenverlauf nicht verlässlich bestimmt werden kann, ist die lineare Abschreibungsmethode anzuwenden (IAS 38.97 f.).

Die bilanzierende Unternehmung hat zu jedem Bilanzstichtag die Nutzungsdauer (Abschreibungsperiode) und die Abschreibungsmethode zu überprüfen und ggf. anzupassen bzw. zu verändern (IAS 38.104).

Neben der Vornahme der planmäßigen Abschreibung sind die immateriellen Vermögenswerte mit begrenzter Nutzungsdauer ebenfalls einem jährlichen Werthaltigkeitstest (Impairment-Test)[44] zu unterziehen.

---

[42] Durch IAS 36.24 wird der bilanzierenden Unternehmung eine Bewertungserleichterung bei immateriellen Vermögenswerten mit unbegrenzter Nutzungsdauer zugestanden. Statt der Ermittlung des aktuellen erzielbaren Betrages kann auf den Vorjahreswert zurückgegriffen werden, sofern alle drei in IAS 36.24 a-c aufgeführten Voraussetzungen erfüllt sind.

[43] Vgl. Gliederungspunkt 3.5.1.

[44] Vgl. die Ausführungen unter den Gliederungspunkten 3.5.1 und 6.1.2.1.

6.1.3 Einzelne besondere immaterielle Vermögenswerte

6.1.3.1 Aufwendungen für die Ingangsetzung und Erweiterung des Geschäftsbetriebes

Die bekannten handelsrechtlichen Aufwendungen für die Ingangsetzung und Erweiterung des Geschäftsbetriebes nach § 269 HGB[45], die in der Handelsbilanz als Bilanzierungshilfe vor dem Anlagevermögen ausgewiesen werden dürfen, sind in der IFRS/IAS-Bilanz **unzulässig**. Derartige Aufwendungen sind in der Gewinn- und Verlustrechnung erfolgswirksam zu verbuchen.

Zwar stellen die getätigten Aufwendungen für die Ingangsetzung und Erweiterung des Geschäftsbetriebes für das Unternehmen einen künftigen wirtschaftlichen Nutzen dar, es wird dadurch aber kein immaterieller Vermögenswert bzw. sonstiger Vermögenswert erworben oder geschaffen. Insofern sieht IAS 38.57a ein generelles **Aktivierungsverbot** vor.

6.1.3.2 Gründungs- und Anlaufkosten

Aufwendungen, die im Zusammenhang mit der Gründung bzw. Schaffung des **unternehmerischen Rechtsgebildes** anfallen, wie bspw. Beratungskosten, Kosten für Sachgründungsberichte bzw. -gutachten, Rechts- und Notargebühren, Gebühren für die Eintragung in das Handelsregister usw., sind zum Zeitpunkt ihres Anfalls **erfolgswirksam** in der GuV als Aufwand zu verbuchen und dürfen nicht aktiviert werden, weil sie nach IAS 38.69 ebenfalls keine Vermögenswerte begründen.

Ebenso verhält es sich mit den Aufwendungen, die mit dem Anlauf eines Geschäftsbetriebes bzw. der Schaffung der Betriebsbereitschaft verbunden sind, wie bspw. Personalakquirierungen, Aus- und Weiterbildungen, Werbekampagnen, Marktanalysen, Reorganisationen usw.

6.1.3.3 Firmen- und Geschäftswerte

Die Firmen- und Geschäftswerte werden unterschieden in
- derivative (entgeltlich erworbene) und in
- originäre (selbst geschaffene).

Im IFRS/IAS-Abschluss sind **derivative Firmenwerte** stets **aktivierungspflichtig** (IFRS 3.51). Das Handelsrecht sieht neben der Aktivierung auch die Möglichkeit der sofortigen Aufwandsverrechnung in voller Höhe vor (§ 255 Abs. 4 S. 1 HGB). Dies ist im IFRS/IAS-Abschluss jedoch unzulässig.

---

[45] Aufwendungen bspw. für die Errichtung einer Produktions- oder Geschäftsstätte, Erschließungskosten neuer Märkte, Kosten für Produkteinführungen, Aufwendungen für die Personalakquirierung, Aus- und Weiterbildung, Aufbau eines Kunden-/ Lieferantenstammes, Aufbau der Innen- und Außenorganisation usw. Die Aufwendungen dürfen aber kein Bestandteil von Anschaffungs- oder Herstellungskosten bei Vermögensgegenständen sein, da § 269 HGB dies durch die Formulierung "soweit sie nicht bilanzierungsfähig sind" ausschließt.

6.1 Immaterielle Vermögenswerte

Für einen von dem bilanzierenden Unternehmen **selbst geschaffenen** (originären) Geschäfts- oder Firmenwert besteht – wie im Handelsrecht auch – ein **Aktivierungsverbot** (IAS 38.48).

Unter die originären Firmenwerte fallen bspw. selbst geschaffene Markennamen, Drucktitel, Verlagsrechte, Kundenlisten sowie ihrem Wesen nach ähnliche Sachverhalte.

6.1.3.4 Forschungs- und Entwicklungsaufwendungen

Umgangssprachlich werden die Forschungs- und Entwicklungsaufwendungen oft als einheitlicher Begriff verwendet, wenngleich dahinter unterschiedliche Tätigkeiten zu fassen und für die Behandlung im Abschluss zu differenzieren sind:

So ist **Forschung** die eigenständige und planmäßige Suche nach neuen technischen und wissenschaftlichen Erkenntnissen (IAS 38.8).

Entwicklung ist die Anwendung von Forschungsergebnissen oder von anderem Wissen auf einen Plan oder Entwurf für die Produktion von neuen oder beträchtlich verbesserten Materialien, Vorrichtungen, Produkten, Verfahren, Systemen oder Dienstleistungen (IAS 38.8).[46]

Nach IAS 38.54 dürfen **Forschungsaufwendungen** nicht aktiviert werden[47], sondern sind im Jahr ihres Anfallens als Aufwand des Geschäftsjahres erfolgswirksam in voller Höhe zu erfassen.[48]/[49]

Entwicklungsaufwendungen hingegen sind als immaterieller Vermögenswert zu aktivieren, wenn der selbstgeschaffene immaterielle Vermögenswert **künftig wirtschaftlichen Nutzen** erzeugen wird (IAS 38.58), der durch die kumulative Erfüllung nachfolgender Merkmale nachgewiesen wird (IAS 38.57):

- Die technische Realisierbarkeit der Produktion ist machbar und auch tatsächlich beabsichtigt.
- Die fertiggestellte Entwicklung in Form des immateriellen Vermögenswertes soll selbst genutzt oder verkauft werden.
- Die Entwicklung erzielt voraussichtlich künftig wirtschaftlichen Nutzen (der Nachweis erfolgt bei Verkaufsabsicht durch einen existierenden Absatzmarkt oder bei Eigennutzung durch zukünftige Cash flows).

---

[46] IAS 38.59 gibt zahlreiche Beispiele für verschiedene Entwicklungsaktivitäten.

[47] Nach IAS 38.55 kann ein Unternehmen in der Forschungsphase eines Projektes nicht nachweisen, dass ein immaterieller Vermögenswert existiert, der einen voraussichtlichen künftigen wirtschaftlichen Nutzen erzeugen wird. Die Bestimmung des zukünftigen Nutzens ist aber eins von drei allgemeinen Aktivierungskriterien der immateriellen Vermögenswerte (IAS 38.18 iVm. IAS 38.21).

[48] Sollte eine Trennung von Forschungs- und Entwicklungsphase nicht möglich sein, so wird das gesamte Projekt der Forschungsphase zugeordnet (IAS 38.53), mit der Folge, dass die gesamten Aufwendungen erfolgswirksam in der GuV zu erfassen sind.

[49] Liegt Auftragsforschung vor, ist IAS 18 ggf. iVm. IAS 11 zu beachten.

- Das bilanzierende Unternehmen verfügt über ausreichende und die notwendigen Ressourcen, um die Entwicklung zielgerichtet erfolgreich abschließen zu können.
- Das bilanzierende Unternehmen kann den immateriellen Vermögenswert verlässlich bewerten.

Sind die vorstehenden Merkmale kumulativ erfüllt und führen die Entwicklungsaufwendungen nicht zu den im nachfolgenden Absatz genannten immateriellen Vermögenswerten, für die ein Bilanzierungsverbot besteht, besteht Bilanzierungspflicht.

Durch IAS 38.63 wird die Aktivierung bestimmter, nachfolgender selbst geschaffener immaterieller Vermögenswerte verboten:
- Markennamen,
- Drucktitel,
- Verlagsrechte,
- Kundenlisten sowie
- ihrem Wesen nach ähnliche Sachverhalte.

6.2 Sachanlagen

6.2.1 Definition/ Ansatz/ Ausweis

Die Sachanlagen umfassen **materielle** Vermögenswerte, die
- für Zwecke der Herstellung oder der Lieferung von Gütern und Dienstleistungen, zur Vermietung an Dritte oder für Verwaltungszwecke gehalten werden und
- die erwartungsgemäß länger als eine Periode genutzt werden (IAS 16.6).

Damit fallen unter die Sachanlagen insbesondere unbebaute wie bebaute Grundstücke, Gebäude, Maschinen und technische Anlagen, Schiffe, Flugzeuge, Kraftfahrzeuge, Betriebs- und Geschäftsausstattung.

Um als Sachanlage aktiviert zu werden, sind folgende Ansatzkriterien der Vermögenswerte zu erfüllen:
- es ist wahrscheinlich, dass ein mit dem Vermögenswert verbundener wirtschaftlicher Nutzen dem Unternehmen zufließen wird[50] und
- die Anschaffungs- oder Herstellungskosten des Vermögenswertes können verlässlich bestimmt werden.

Das einkommensteuerrechtliche Wahlrecht, das auch im handelsrechtlichen Jahresabschluss zur Anwendung kommt, nach der **geringwertige Wirtschaftsgüter (GWG)** im Jahr der

---

[50] Das Ansatzkriterium des *Zuflusses des wirtschaftlichen Nutzens* werden nicht alle Sachanlagen erfüllen, so dass eigentlich eine Aktivierung unterbleiben müsste. Dennoch sind sie aber als Sachanlage zu bilanzieren, weil sie bspw. zum Weiterbetrieb vorhandener Anlagen erforderlich sind, ohne direkt selbst ein Cash flow zu erzeugen, wie es bspw. auch bei Sicherheits- oder Umweltschutzanlagen der Fall ist.

6.2 Sachanlagen

Anschaffung statt zu aktivieren sofort als Aufwand in voller Höhe in der GuV verbucht werden können (§ 6 Abs. 2 EStG), ist den IFRS/IAS-Standards fremd. Gleichwohl wird es nach dem *Wesentlichkeitsgrundsatz* (F. 29) als zulässig erachtet, wenn im IFRS/IAS-Abschluss „unbedeutende" Vermögenswerte ebenfalls sofort in voller Höhe als Aufwand in der GuV verbucht werden, statt sie zu aktivieren.

Ebenso wird es auch als zulässig angesehen im IFRS/IAS-Abschluss die handelsrechtlichen Vereinfachungsregelungen bezüglich Ansatz und Bewertung bei der **Gruppenbildung** (§ 240 Abs. 4 HGB) und den **Festwerten** (§ 240 Abs. 3 HGB) zu übernehmen.

In der Bilanz sind die Sachanlagen gesondert auszuweisen (IAS 1.68) und dabei den **langfristigen Vermögenswerten**[51] zuzuordnen (IAS 1.41). Hinsichtlich der Aufgliederung in gesonderte Unterposten gilt der allgemeine Grundsatz, dass jeder wesentliche Posten gesondert darzustellen ist. Beispiele von Posten gibt IAS 16.37:
- unbebaute Grundstücke
- Grundstücke und Gebäude,
- Maschinen und technische Anlagen
- Schiffe
- Flugzeuge
- Kraftfahrzeuge
- Betriebsausstattung
- Büroausstattung

Aufgrund der fehlenden detaillierten Gliederungsvorgaben für die IFRS/IAS-Bilanz werden die ausgewiesenen Posten regelmäßig von der handelsrechtlichen Bilanzgliederung des § 266 HGB abweichen.

Zur **Veräußerung** vorgesehenes Sachanlagevermögen ist – ebenfalls wie die im vorhergehenden Gliederungspunkt behandelten immateriellen Vermögenswerte – im **kurzfristigen Vermögen** auszuweisen. Eine Umbuchung der einzelnen Vermögenswerte aus dem Anlage- in das Umlaufvermögen würde handelsrechtlich nicht erfolgen. Durch die Veräußerungsentscheidung wird handelsrechtlich lediglich das Ende der Nutzungsdauer festgelegt, aber keine Umgliederung in das Umlaufvermögen erreicht.

Die im Handelsrecht in einem eigenen Bilanzposten ausgewiesenen **Anlagen in Bau** oder **Anzahlungen für Sachanlagen** werden im IFRS/IAS-Abschluss nicht gesondert ausgewiesen. Derartige Ausgaben werden in den entsprechenden Gruppen der Sachanlagen – für die die Vorauszahlungen geleistet wurden – erfasst (IAS 38.70). Sollten die geleisteten Anzahlungen für die Darstellung der Vermögens- und Finanzlage der Unternehmung jedoch wesentlich sein, ist ein separater Ausweis in Form einer entsprechenden Untergliederung des jeweiligen Bilanzpostens geboten.

---

[51] Handelsrechtlich werden bedeutende Ersatzteile, Wartungsgeräte oder Bereitschaftsausrüstungen üblicherweise als Vorräte (Umlaufvermögen) ausgewiesen. Sobald sie dann verbraucht werden, werden sie erfolgswirksam als (Material-)Aufwand in der GuV verbucht. Im IFRS/IAS-Abschluss hingegen sind sie grundsätzlich als Sachanlagen zu erfassen. Laufende Wartungskosten (Reparaturen und Instandhaltungen) für die Sachanlagen werden bei ihrem Anfall sowohl handelsrechtlich wie auch im IFRS/IAS-Abschluss erfolgswirksam in der GuV erfasst und nicht aktiviert.

Ein wesentlicher Unterschied zum Handelsrecht besteht beim IFRS/IAS-Abschluss im so genannten **Komponentenansatz** (IAS 16.13). Dieser fordert, dass im IFRS/IAS-Abschluss die einzelnen Vermögenswerte des Sachanlagevermögens in ihre **wesentlichen Bestandteile** aufzuteilen sind. Jeder einzelne Bestandteil ist dann gesondert zu bilanzieren, wenn die **Nutzungsdauern** der einzelnen Bestandteile unterschiedlich sind und dies wesentliche Auswirkungen auf die Darstellung der **Vermögens- und Ertragslage** hat. IAS 16.13 bzw. IAS 16.44 führt als Beispiel ein Flugzeug mit seinen Sitzen, Bordküchen und Triebwerken an, die über die Lebensdauer des Flugzeuges mehrfach ausgetauscht werden. In diesem Fall sind die Sitze, Bordküchen und Triebwerke jeweils separat und anders abzuschreiben als der Rest des Flugzeuges.

Der Komponentenansatz führt in Folge aber nicht nur beim erstmaligen Ansatz des Vermögenswertes zur differenzierten Betrachtung und Abschreibung, sondern auch bei **nachträglich** auftretenden Anschaffungs- oder Herstellungskosten, Großinspektionen, Generalüberholungen, Durchführungen von Großreparaturen oder bei dem Austausch von Komponenten. Hierbei wird der betragliche Anteil, der auf die Generalüberholung, Großinspektion usw. entfällt, von den Anschaffungskosten separiert und getrennt als eigenständiger Bestandteil des Vermögenswertes bilanziert und über das jeweilige Zeitintervall der Generalüberholung, Großinspektion usw. abgeschrieben.

Sofern es bei der Generalüberholung oder großen Inspektion zu einem Austausch von Komponenten oder der Durchführung von Großreparaturen kommt, bevor die vollständige Abschreibung dieser Teile erfolgte, kommt es zum Abgang des Restbuchwertes der verbrauchten Komponente und zur Aktivierung der Kosten für den Komponentenersatz. Dies aber nur, sofern die allgemeinen Ansatzbedingungen erfüllt sind (IAS 16.7). Laufende Unterhaltungs-, Service- bzw. Reparaturaufwendungen sind sofort als Aufwand erfolgswirksam zu verbuchen (IAS 16.12, 16.14) und dürfen nicht aktiviert werden.

Beispiel:
Die RheinAhrMedic GmbH erwirbt eine Produktionsmaschine, deren Anschaffungskosten 40 Mio. € betragen. Die Gesellschaft geht von einer Nutzungsdauer von 16 Jahren aus. Alle 4 Jahre ist eine Generalüberholung durchzuführen. Die Kosten der jeweiligen Generalüberholungen betragen nach der Schätzung der Geschäftsführung aufgrund der Erfahrungswerte jeweils 8 Mio. €.

Lösung:
Die geschätzten Ausgaben für die einzelne Generalüberholung in Höhe von 8 Mio. € werden beim ersten Ansatz des Vermögenswertes der Maschine als eigenständiger Bestandteil der Maschine iHv. 8 Mio. € aktiviert und über 4 Jahre abgeschrieben. Die Maschine selber wird dann (nur noch) iHv. 32 Mio. € (40 Mio. € – 8 Mio. €) aktiviert. Nach 4 Jahren werden die tatsächlich angefallenen Kosten der durchgeführten Generalüberholung dann auf den Restbuchwert der Maschine hinzuaktiviert und erneut über 4 Jahre abgeschrieben. Die Maschine selber wird planmäßig linear über eine Nutzungsdauer von 16 Jahren abgeschrieben, so dass sich ein jährlicher Abschreibungsbetrag iHv. 2 Mio. € ergibt (32 Mio. € / 16 Jahre Nutzungsdauer).

Die strikte Anwendung des Komponentenansatzes würde dazu führen, dass bspw. die Aufteilung eines Pkws in seine Komponenten (Karosserie, Elektronik, Motor, Getriebe usw.) nicht nur unpraktikabel, sondern auch unverhältnismäßig wäre. Die Objektivierbarkeit und Entscheidungsrelevanz der damit vermittelten Informationen wäre nicht gegeben bzw. könnte auch zu Verzerrungen führen. Insofern ist die strikte Anwendung des Komponentenansatzes abzulehnen. Wie weit beim Komponentenansatz die Separierung des Vermögenswertes für Abschreibungszwecke durch den Bilanzierenden letztlich betrieben werden muss, ist nicht abschließend geregelt. So kann ein Gebäude sich bspw. aufteilen lassen in Dacheindeckung, Fenster, Bodenbeläge, Elektroanlagen, Klimatisierung, Heizung, Sanitärinstallation usw. Diese einzelnen Komponenten wären dann unter Berücksichtigung ihrer jeweiligen Nutzungsdauern abzuschreiben. Die Führung der Anlagenbuchhaltung wäre kaum praktikabel bzw. sehr umfassend. Es kann daher nicht zu beanstanden sein, wenn aus Vereinfachungsgründen Zusammenfassungen erfolgen, bezogen auf das Beispiel bspw. in Bauwerk und technischer Ausstattung.

Im Anhang müssen eine ganze Reihe von Informationen bezüglich der Sachanlagen gegeben werden. Es wird verwiesen auf IAS 16.73 ff.

6.2.2 Bewertung

6.2.2.1 Zugangsbewertung

Die Zugangsbewertung der Sachanlagen erfolgt beim erstmaligen Ansatz mit den Anschaffungs- und Herstellungskosten.

Sollte der Erwerb von Sachanlagen durch einen Tausch erfolgen, erfolgt die Bewertung zum beizulegenden Zeitwert. Hierbei bestimmt der beizulegende Zeitwert des hingegebenen Vermögenswertes die Anschaffungskosten des erhaltenen. Sollten zusätzlich noch Ausgleichzahlungen erfolgen, müssen sie entsprechend mit berücksichtigt werden (IAS 16.24 ff.).

Sofern die Anschaffung von Sachanlagen durch Beihilfen, Zuwendungen oder Zuschüsse gefördert ist, werden diese Beträge nach IAS 20.24 entweder vom Buchwert des Vermögenswertes abgesetzt oder alternativ als passivischer Abgrenzungsposten bilanziert. Der passivische Abgrenzungsposten ist dann hinfort planmäßig über die Nutzungsdauer der geförderten Investition ertragswirksam aufzulösen (IFRS 20.26).

6.2.2.2 Folgebewertung

Bevor die Folgebewertung der Sachanlagen erfolgen kann, ist zunächst festzustellen, ob die Folgebewertung
- für zum **Verkauf vorgesehene Sachanlagen**,
- **vorübergehend ungenutzte/ stillgelegte Sachanlagen** erfolgen soll oder
- ob es sich um die Bewertung von **Sachanlagen** handelt, die im **Leistungserstellungs- und -verwertungsprozess (noch) genutzt** werden.

In Abhängigkeit dieser Zuordnung ergeben sich dann unterschiedliche Bewertungsmaßstäbe, die nachfolgend erläutert werden.

6.2.2.2.1 Zum Verkauf vorgesehene Sachanlagen

Die zur Veräußerung vorgesehenen Sachanlagen sind gesondert innerhalb der **kurzfristigen Vermögenswerte** auszuweisen und mit dem **niedrigeren Wert** anzusetzen, der sich aus dem **Buchwert** oder **beizulegendem Zeitwert abzüglich möglicher Veräußerungskosten** ergibt (IFRS 5.20). In diesem Zusammenhang ist aber zu beachten, dass eine derartige Bewertung erst ab dem Zeitpunkt erfolgen darf, zu dem die Geschäftsführung den Verkauf beschlossen hat. Bis zu diesem Zeitpunkt sind die bisherigen planmäßigen Abschreibungen fortzuführen (IAS 16).

Beispiel:
Der Vorstand der Metall AG beschließt am 30. August 01 aufgrund einer Produktionsumstellung eine dann nicht mehr benötigte Produktionsmaschine zu verkaufen.

Die Produktionsmaschine ist bis zum 30. August 01 – wie bisher – planmäßig abzuschreiben. Ab dem 1. September 01 ist sie dann nicht mehr planmäßig abzuschreiben, sondern mit dem niedrigeren Wert zu bewerten, der sich entweder aus dem Buchwert oder dem beizulegenden Zeitwert abzüglich möglicher Veräußerungskosten ergibt.

Sobald Sachanlagen das Unternehmen verlassen oder wenn erwartet wird, dass sie keinen zukünftigen wirtschaftlichen Nutzen mehr erbringen, sind sie auszubuchen. Hierbei entstehende Veräußerungsgewinne oder -verluste sind erfolgswirksam im Jahr des Anlageverkaufs oder Abgangs zu erfassen.

6.2.2.2.2 Vorübergehend ungenutzte/ stillgelegte Sachanlagen

Sachanlagen, die vorübergehend nicht genutzt oder stillgelegt sind, müssen weiterhin planmäßig abgeschrieben werden (IAS 16.55).[52] Unabhängig hiervon, ist daneben zu jedem Bilanzstichtag ein Wertminderungstest nach IFRS 36 vorzunehmen, da eine Stilllegung generell als Indiz für eine Wertminderung gilt. Durch den Wertminderungstest soll sichergestellt werden, dass der Buchwert des Vermögenswertes nicht über seinem erzielbaren Betrag liegt.

Sobald die Geschäftsführung beschließt, stillgelegte Sachanlagen zu veräußern, sind sie nach den Bewertungsregeln der zum Verkauf vorgesehenen Sachanlagen zu bewerten (vgl. die Ausführungen des vorhergehenden Gliederungspunktes 6.2.2.2.1). Das heißt, die Sachanlagen sind mit dem niedrigeren Wert anzusetzen, der sich aus dem Buchwert oder dem beizulegenden Zeitwert, abzüglich möglicher Veräußerungskosten, ergibt (IFRS 5.20). Auch hier

---

[52] Sofern eine Abschreibung nach der Leistung vorgenommen wird, kann es dann zu keiner Abschreibungsverrechnung kommen, weil keine Leistung abgerufen wurde. Zu prüfen ist dann, ob Ruheverschleiß berücksichtigt werden muss.

6.2 Sachanlagen

werden die planmäßigen Abschreibungen mit Zeitpunkt der Beschlussfassung des Verkaufs beendet.

6.2.2.2.3 Sachanlagen, die im Leistungserstellungs- und -verwertungsprozess genutzt werden

Bei der Folgebewertung von Sachanlagen, die im Leistungserstellungs- und -verwertungsprozess genutzt werden, hat die Gesellschaft ein **Bewertungswahlrecht** zwischen der
- Anschaffungskostenmethode (fortgeführte AHK) und der
- Neubewertungsmethode.

Bei der **Anschaffungskostenmethode**, die auch als *fortgeführte Anschaffungs- und Herstellungskosten* bezeichnet wird, werden die Anschaffungs- und Herstellungskosten der Sachanlagen bzw. der einzelnen Komponenten der Sachanlage vermindert um die kumulierten (planmäßigen) Abschreibungen und kumulierten Wertminderungsaufwendungen (außerplanmäßige Abschreibungen) angesetzt (IAS 16.30).

Die **Neubewertungsmethode** ist dem Handelsrecht fremd und insofern besonders erklärungsbedürftig:

Die IFRS/IAS räumen dem bilanzierenden Unternehmen bei der Folgebewertung insbesondere von Sachanlagen und immateriellen Vermögenswerten ein Bewertungswahlrecht ein. Das bilanzierende Unternehmen kann danach die einzelnen Vermögenswerte entweder mit der eben dargestellten Methode der fortgeführten Anschaffungs- und Herstellungskosten ansetzen oder eben eine **Neubewertung**[53] mit dem **beizulegenden Zeitwert**[54] vornehmen (IAS 38.63; IAS 16.31), wodurch **stille Reserven bewusst offen** gelegt werden.

Die den Vermögenswerten beizulegenden Zeitwerte sind teilweise höher als die fortgeführten bzw. die historischen Anschaffungs- und Herstellungskosten. Insofern kommt es beim Ansatz der beizulegenden Zeitwerte zu einem höheren Wertausweis in der Bilanz. Dieser **Differenzbetrag** zwischen den fortgeführten Anschaffungs- und Herstellungskosten (Buchwert) und dem höheren beizulegenden Zeitwert ist in die **Neubewertungsrücklage**, die **Eigenkapital** darstellt, unter Abzug der darauf entfallenden passivischen latenten Steuern einzustellen. Diese beim Sachanlagevermögen bzw. bei den immateriellen Vermögenswerten vorgenommenen Werterhöhungen sind dann in der Folgezeit **planmäßig erfolgswirksam**

---

[53] Neubewertungen müssen nicht zu jedem Bilanzstichtag vorgenommen werden. Sie sind in Abhängigkeit der Preisschwankungen für die betreffende Art von Sachanlage zu bestimmen (IAS 16.34). Bei Sachanlagen, die keine hohe Volatilität des beizulegenden Zeitwerts aufweisen, sind Neubewertungen alle drei bis fünf Jahre ausreichend (IAS 16.34).

[54] Die Ermittlung des beizulegenden Zeitwertes erfolgt grundsätzlich absatzmarktorientiert, dass heißt, der Neubewertungsbetrag ist der Marktwert eines Vermögenswertes auf einem aktiven Absatzmarkt, wobei Transaktionskosten vernachlässigt werden. Sollte kein Marktwert ermittelbar sein, können auch durch Schätzung ermittelte Marktwerte zu Grunde gelegt werden. Sollte keine Schätzung möglich sein, kann eine Neubewertung auf Grundlage der Wiederbeschaffungskosten erfolgen (betrifft insbesondere technische Anlagen sowie Betriebs- und Geschäftsausstattungen). Beizulegende Zeitwerte von Grundstücken und Gebäuden sind regelmäßig durch Ertragswertberechnungen von hauptamtlichen Gutachtern zu ermitteln. Vgl. die Ausführungen IAS 16.32 ff.

über die GuV abzuschreiben. Hierzu wird der beizulegende Zeitwert (Neubewertungsbuchwert) des Vermögenswertes durch die Restnutzungsdauer geteilt. Es erfolgt keine Verrechnung mit der Neubewertungsrücklage.

> Beispiel[55]:
>
> Eine Unternehmung hat eine Maschine für 2 Mio. € angeschafft, deren Nutzungsdauer auf 10 Jahre geschätzt wird. Die Abschreibung der Maschine erfolgt linear planmäßig, so dass sich eine jährliche Abschreibung iHv. 200.000 € ergibt. Die Maschine soll bis auf 1 € Erinnerungswert abgeschrieben werden. Danach würden sich die Buchwertentwicklung und der Abschreibungsverlauf der Maschine wie folgt darstellen:
>
> | Jahr | Buchwert (fortgeführte AHK) jeweils 31.12. € | Abschreibung € |
> |---|---|---|
> | 1 | 1.800.000 | 200.000 |
> | 2 | 1.600.000 | 200.000 |
> | 3 | 1.400.000 | 200.000 |
> | 4 | 1.200.000 | 200.000 |
> | 5 | 1.000.000 | 200.000 |
> | 6 | 800.000 | 200.000 |
> | 7 | 600.000 | 200.000 |
> | 8 | 400.000 | 200.000 |
> | 9 | 200.000 | 200.000 |
> | 10 | 1 | 199.999 |
>
> Das Unternehmen überprüft in Abständen von vier Jahren Neubewertungen. Hierbei wird ermittelt, dass die Maschine am Ende des vierten Jahres Wiederbeschaffungskosten iHv. 2,3 Mio. € hat. Dieser Wert kann jedoch nicht direkt als Neubewertungsbetrag herangezogen werden. Vielmehr ist er um die bereits erfolgte Nutzung (in diesem Beispiel vier Jahre) der Maschine zu berichtigen. Danach ergibt sich folgender Neubewertungsbuchwert (1.380.000 €) zum 31.12.04:
>
> | Jahr | Neubewertungsbuchwert jeweils 31.12. € | Abschreibung € |
> |---|---|---|
> | 1 | 2.070.000 | 230.000 |
> | 2 | 1.840.000 | 230.000 |
> | 3 | 1.610.000 | 230.000 |
> | 4 | **1.380.000** | 230.000 |

---

[55] Vereinfachend ohne die Berücksichtigung von latenten Steuern.

Die jährlichen planmäßigen Abschreibungen bei der Ermittlung des Neubewertungsbuchwertes ergeben sich, indem die Wiederbeschaffungskosten (2.300.000 €) durch die Nutzungsdauer (10 Jahre) geteilt werden. Da die Maschine lt. Sachverhalt schon vier Jahre genutzt wurde, müssen die Wiederbeschaffungskosten iHv. 2,3 Mio. € um 920.000 € (4 Jahre Nutzung x 230.000 €) vermindert werden, so dass sich ein Neubewertungsbuchwert zum 31.12.04 iHv. 1.380.000 € ergibt.

Der Vergleich des Neubewertungsbuchwertes (1.380.000 €) am 31.12.04 mit den fortgeführten AHK (1.200.000 €) ergibt eine Wertdifferenz iHv. 180.000 €, die in diesem Fall, wegen der höheren Werthaltigkeit des Neubewertungsbuchwertes, einen Neubewertungsertrag darstellt (siehe nachstehende Übersicht). Dieser Betrag iHv. 180.000 € ist in die Neubewertungsrücklage (Eigenkapital) einzustellen. Buchungssatz: Maschine an Neubewertungsrücklage 180.000 €

Jahr	Fortgeführte AHK 31.12.04 €	Neubewertungsbuchwert 31.12.04 €	Neubewertungsertrag €
4	1.200.000	1.380.000	180.000

Der (neue) Buchwert der Maschine zum 31.12.04 iHv. 1.380.000 € setzt sich damit aus den fortgeführten Anschaffungs- und Herstellungskosten iHv. 1.200.000 € und dem Neubewertungsertrag iHv. 180.000 € zusammen. Die planmäßigen jährlichen Abschreibungen ab dem Zeitpunkt der Neubewertung (also ab dem Geschäftsjahr 05) iHv. 230.000 € ergeben sich, in dem der Neubewertungsbuchwert durch die Restnutzungsdauer geteilt wird. In diesem Fall 1,38 Mio. € durch 6 Jahre. Die planmäßigen Abschreibungen sind, wie bisher auch, erfolgswirksam über die GuV zu verbuchen.

Damit stellt sich ab dem fünften Geschäftsjahr die weitere Entwicklung des Buchwertes der Maschine und der darauf entfallenden Abschreibungen wie folgt dar:

Jahr	Buchwert (fortgeführte AHK) bzw. Neubewertung jeweils 31.12. €	Abschreibung €
1	1.800.000	200.000
2	1.600.000	200.000
3	1.400.000	200.000
4	1.380.000 (1.200` + 180`)	200.000
5	1.150.000	230.000
6	920.000	230.000
7	690.000	230.000
8	460.000	230.000
9	230.000	230.000
10	1	229.999

Sofern in der Folgezeit nach der Neubewertung **außerplanmäßige Abschreibungen** erforderlich sind, muss die Verrechnung der außerplanmäßigen Abschreibungsbeträge direkt, ohne Berührung der GuV, zu Lasten der **Neubewertungsrücklage** erfolgen. Die Auflösung der Neubewertungsrücklage hat Vorrang vor der Verbuchung des Wertminderungsaufwandes in der GuV.[56]

Sollte nach einer außerplanmäßig vorgenommenen Abschreibung der beizulegende Zeitwert wieder ansteigen, ist die Werterhöhung unter Berücksichtigung passiver latenter Steuern abermals in die Neubewertungsrücklage einzustellen.

Zusammenfassend ist festzustellen, dass die erfolgsneutrale Erfassung von Wertänderungen in der Neubewertungsrücklage im Eigenkapital allenfalls Hinweise auf künftige (möglicherweise) entstehende (zusätzliche) Ausschüttungspotenziale gibt. Inwieweit hieraus zukünftig tatsächlich ausschüttungsfähige Gewinne entstehen, hängt von der Wertentwicklung bis zum Zeitpunkt der späteren Realisierung ab.

Die im Eigenkapital ausgewiesene Neubewertungsrücklage bleibt nicht ewig bestehen. Sie wird durch Umbuchen in die **Gewinnrücklagen** (ohne Berührung der GuV) wieder aufgelöst und zwar, wenn

- eine Stilllegung, ein Verkauf oder eine Verschrottung des Vermögenswertes erfolgt[57] oder
- durch die jährlichen planmäßigen Abschreibungen eine schrittweise Realisierung des Nutzens des Vermögenswertes (IAS 16.41) erfolgt. In diesem Fall wird der Differenzbetrag, der sich aus den Abschreibungsbeträgen mit und ohne Neubewertung ergibt, in die Gewinnrücklagen umgebucht (das kommende Beispiel zeigt genau diesen Fall der Auflösung).

---

[56] Die außerplanmäßigen Abschreibungen werden solange mit den Neubewertungserträgen in der Neubewertungsrücklage verrechnet, bis sie verbraucht sind bzw. aufgelöst ist. Hierbei hat die Verrechnung jeweils pro Vermögenswert zu erfolgen und darf sich nicht auf Beträge anderer Vermögenswerte beziehen.

[57] Vgl. IAS 16.41, IAS 16.67, IAS 18.

6.2 Sachanlagen

> Beispiel:
>
> In Fortführung des vorhergehenden Beispiels ergibt sich die Auflösung der Neubewertungsrücklage zu Gunsten der Gewinnrücklage in Höhe des Differenzbetrages zwischen der planmäßigen Abschreibung vor und nach der Neubewertung.
>
> | Jahr | Abschreibungs-beträge <u>ohne</u> Neubewertung € | Abschreibungs-beträge <u>mit</u> Neubewertung € | Differenz (Auflösungs-betrag) € | Entwicklung Neubewertungs-rücklage jeweils 31.12. € |
> |------|------|------|------|------|
> | 1 | 200.000 | 200.000 | 0 | 0 |
> | 2 | 200.000 | 200.000 | 0 | 0 |
> | 3 | 200.000 | 200.000 | 0 | 0 |
> | 4 | 200.000 | 200.000 | 0 | 180.000 |
> | 5 | 200.000 | 230.000 | -30.000 | 150.000 |
> | 6 | 200.000 | 230.000 | -30.000 | 120.000 |
> | 7 | 200.000 | 230.000 | -30.000 | 90.000 |
> | 8 | 200.000 | 230.000 | -30.000 | 60.000 |
> | 9 | 200.000 | 230.000 | -30.000 | 30.000 |
> | 10 | 199.999 | 229.999 | -30.000 | 0 |
>
> Der Endbestand der Neubewertungsrücklage zum 31.12.05 iHv. 150.000 € ergibt sich aus dem Zuführungsbetrag zum 31.12.04 iHv. 180.000 € abzüglich des Auflösungsbetrages für das Geschäftsjahr 05 iHv. 30.000 €. Die Auflösungsbeträge der Neubewertungsrücklage stellen die Umbuchungsbeträge in die Gewinnrücklage dar. Buchungssatz:
>
> Neubewertungsrücklage an Gewinnrücklagen [Auflösungsbetrag]

Nachfolgend ein weiteres Beispiel zur Neubewertungsmethode, jetzt im Zusammenhang mit einem nicht-abnutzbaren Vermögenswert.

> Beispiel:
>
> Eine Unternehmung erwarb vor 15 Jahren ein Grundstück, bestehend aus Grund und Boden sowie einem aufstehenden Verwaltungsgebäude. Der damalige Gesamtkaufpreis betrug 450.000 €. Davon entfielen auf den Grund und Boden 150.000 € und auf das Gebäude 300.000 € Anschaffungskosten.
>
> Das Gebäude wurde seit dem Kauf planmäßig linear mit 4 % pro Jahr abgeschrieben. Die kumulierten Abschreibungen auf das Gebäude betragen für die 15 Jahre somit insgesamt 180.000 € (= 300.000 € x 4 % x 15 Jahre), so dass sich ein Buchwert zum 31.12.15 iHv. 120.000 € ergibt. Da der Grund und Boden nicht-abnutzbar ist, erfolgt keine planmäßige Abschreibung. Somit würde sich – ohne durchgeführte Neubewertung – zum 31.12.15

insgesamt ein Buchwert für den Grund und Boden sowie des Gebäudes iHv. 270.000 € (= 150.000 € + 120.000 €) ergeben.

Die Unternehmung nimmt jetzt, am 31.12.15, eine Neubewertung des Grundstücks durch eine von einem hauptamtlichen Gutachter ermittelte Ertragswertberechnung vor. Die Ertragswertberechnung weist zum Neubewertungsstichtag (31.12.15) einen Ertragswert iHv. 680.000 € aus. Hiervon entfallen auf den Grund und Boden nach den Bodenrichtwerten 350.000 €. Der Rest iHv. 330.000 € auf das Gebäude.

Anmerkung: Es sind keine planmäßigen Abschreibung auf das Gebäude mehr zu verrechnen – wie im vorherigen Beispiel bei der Maschine –, da lt. Sachverhalt der Neubewertungsbetrag bereits auf den Neubewertungsstichtag ermittelt ist.

Zusammenfassend ergeben sich damit folgende Werte:

	Grund und Boden €	Gebäude €	Summe €
(historische) AHK	150.000	300.000	450.000
kumulierte Abschreibungen für 15 Jahre	0	-180.000	-180.000
fortgeführte AHK (Buchwerte) zum 31.12.15	150.000	120.000	270.000
Neubewertungsbetrag zum 31.12.15	350.000	330.000	680.000
Neubewertungsertrag (Neubewertungsrücklage)	200.000	210.000	410.000

In der Bilanz der Unternehmung ist ab dem 31.12.15 der Grund und Boden hinfort mit 350.000 € jährlich auszuweisen (sofern nicht außerplanmäßig abzuschreiben ist) und das Gebäude mit 330.000 € abzüglich dann mit neuen (ab Geschäftsjahr 16) planmäßigen jährlichen Abschreibungen iHv. 33.000 € (= 330.000 € / 10 Jahre Restnutzungsdauer[58]).

Die gebildete Neubewertungsrücklage iHv. 410.000 € löst sich bezüglich des Gebäudeanteils (210.000 €) jährlich in Höhe der Abschreibungsdifferenz zwischen Neubewertungs- und Anschaffungs- und Herstellungskostenmethode auf. In diesem Fall in Höhe von jährlich 21.000 € (= 33.000 € - 12.000 €). Der neue Bewertungsertrag, der auf den Grund und Boden entfällt, hier 200.000 €, bleibt solange unverändert in der Neubewertungsrücklage stehen, bis der Grund und Boden außerplanmäßig abgeschrieben oder veräußert wird.

Zusammenfassung
Durch IAS 16 werden der Ansatz, die Bewertung, der Ausweis sowie die Anhangangaben für die Sachanlagen geregelt.

---

[58] Die Restnutzungsdauer von 10 Jahren ergibt sich aus der Gesamtnutzungsdauer iHv. 25 Jahren (= 100 % / 4 %) abzüglich der bereits verstrichenen Nutzungsdauer von 15 Jahren.

Der Komponentenansatz fordert, dass alle Komponenten einer Sachanlage, die einen wesentlichen Bestandteil eines Vermögenswertes ausmachen, bei unterschiedlichen Nutzungsdauern gesondert zu bilanzieren und abzuschreiben sind.

Im Vergleich zum Handelsrecht wird durch den Komponentenansatz deutlich, dass im IFRS/IAS-Abschluss der Einzelbewertungsgrundsatz keine zentrale Bedeutung erlangt. Im Handelsrecht ist eine Aufteilung eines Vermögensgegenstandes grundsätzlich nicht möglich.[59] Der Komponentenansatz hingegen stellt auf einzelne wesentliche Komponenten bzw. Gruppen von Vermögenswerten einer Sachanlage und eine von der Gesamtnutzungsdauer abweichende Nutzungsdauer ab.

Die Sachanlagen können zu fortgeführten Anschaffungs- und Herstellungskosten oder alternativ nach der Neubewertungsmethode, dann mit aktuellen Zeitwerten unter Aufdeckung der stillen Reserven, bewertet werden.

Die Abschreibungen auf Sachanlagen sind in der GuV als solche auszuweisen. Wertminderungsaufwendungen, Erträge aus Wertaufholungen, Neubewertungserträge und Veräußerungsgewinne oder -verluste sind, sofern sie für die Einschätzung der Ertragslage der Gesellschaft wesentlich sind, gesondert auszuweisen.

6.3 Finanzanlagen

Die Finanzanlagen (financial assets), auch *finanzielle Vermögenswerte* genannt, setzen sich aus den
- Equity-Beteiligungen und den
- sonstigen (übrigen) Finanzanlagen

zusammen und stellen nach den IFRS/IAS **Finanzinstrumente** dar.

6.3.1 Equity-Beteiligungen

Die **Equity-Beteiligungen** setzen sich wiederum zusammen aus (vgl. Abb. 6.3):
- Anteile an Tochterunternehmen (IAS 27)
- Anteile an assoziierten Unternehmen (IAS 28)
- Anteile an gemeinschaftlich geführten Unternehmen (auch als *Gemeinschaftsunternehmen* oder *Joint Venture* bezeichnet; IAS 31)

Die Equity-Beteiligungen stellen **Eigenkapitalbeteiligungen** an anderen Unternehmen dar.

---

[59] Vgl. § 252 Abs. 1 Nr. 3 HGB. Eine Ausnahme ergibt sich (nur) bei Gebäuden, Grundstücken und bei Gebäudebestandteilen, die differenziert bilanziert und bewertet werden.

Ein **Tochterunternehmen** wird durch IAS 27.4 als ein Unternehmen definiert, das von einem anderen Unternehmen **beherrscht** wird.[60]

Beherrschung ist die Möglichkeit, die **Finanz- und Geschäftspolitik** des Tochterunternehmens zu bestimmen, um aus ihrer **Tätigkeit nutzen zu erzielen** (IAS 27.4). Die Beherrschung leitet sich grundsätzlich und regelmäßig aus der Mehrheit (> 50 %) der Stimmrechte ab (IAS 27.13).

Ein **assoziiertes Unternehmen** ist definiert als ein Unternehmen, bei dem der Anteilseigner über einen **maßgeblichen Einfluss** verfügt und das weder ein Tochterunternehmen noch einen Anteil an einem gemeinschaftlich geführten Unternehmen (Joint Venture) darstellt (IAS 28.2).

Der **maßgebliche Einfluss** ist schwächer ausgeprägt als die Beherrschung und stellt die Möglichkeit dar, bei dem beteiligtem Unternehmen an den finanz- und geschäftspolitischen Entscheidungen mitzuwirken. Jedoch nicht im Sinne einer Führung der Entscheidungsprozesse (IAS 30.2).

Ein maßgeblicher Einfluss wird idR. immer dann vermutet, wenn der Anteilseigner direkt oder indirekt[61] 20 % – 50 % der Stimmrechte besitzt (IAS 28.6).

Anteile an gemeinschaftlich geführten Unternehmen (Gemeinschaftsunternehmen/ Joint Venture) stellen eine **vertragliche Vereinbarung** dar, in der mindestens zwei (Partner-) Unternehmen eine wirtschaftliche Tätigkeit unter einer **gemeinschaftlichen Führung** vereinbaren/ durchführen (IAS 31.3). Dabei unterscheidet IAS 31.7 drei verschiedene Form von Joint Ventures:
- gemeinsame Tätigkeiten
- Vermögenswerte unter gemeinschaftlicher Führung
- gemeinschaftlich geführte Unternehmen (Joint Venture Gesellschaften)

Bevor diese drei Ausprägungsformen im Nachfolgenden erläutert werden, soll der zuvor verwendete Begriff der *gemeinschaftlichen Führung* kurz geklärt werden:

Gemeinschaftliche Führung bedeutet, dass die strategische Finanz- und Geschäftspolitik (wirtschaftliche Geschäftstätigkeit) einstimmig und für alle Partnerunternehmen gleichberechtigt erfolgt (IAS 31.3).

Nachfolgend die Erläuterung der drei Ausprägungsformen des Joint Ventures nach IAS 31.7:

Gemeinsame Tätigkeiten liegen vor, wenn mindestens zwei Partnerunternehmen ihre Geschäftstätigkeiten, Ressourcen und Know-How für die Abwicklung eines gemeinsamen Projektes zusammenführen, ohne hierbei eine Neugründung einer Gesellschaft vorzunehmen. Insofern weisen die jeweiligen Partnerunternehmen in ihren IFRS/IAS-Abschlüssen (weiterhin) nur ihre bzw. die auf sie entfallenden Vermögenswerte, Schulden, Aufwendungen und

---

[60] Das beherrschte Unternehmen wird dann als *Tochterunternehmen* bezeichnet und das beherrschende Unternehmen als *Mutterunternehmen* (IAS 27.4).

[61] Bspw. durch ein Tochterunternehmen.

Umsatzerlöse aus, die ihrer Verfügungsmacht an dem Joint Venture unterliegen (IAS 31.13 ff.). IAS 31.14 führt als Beispiel einen Zusammenschluss[62] von zwei oder mehr Partnerunternehmen auf, die ein Flugzeug herstellen, vermarkten und vertreiben. Jedes Partnerunternehmen führt verschiedene Stufen des Herstellungsprozesses aus, trägt seine eigenen Kosten und erhält einen Anteil des Erlöses aus dem Verkauf des Flugzeuges gemäß den vertraglichen Vereinbarungen.

Sofern die Partnerunternehmen Vermögenswerte oder Schulden für den Zweck des Joint Ventures gemeinschaftlich erwerben/ aufnehmen und einsetzen (bspw. Produktionsmaschine, Kredite), liegt der zweite Fall **Vermögenswerte unter gemeinschaftlicher Führung** vor (IAS 31.18 ff.). Das jeweilige Partnerunternehmen berücksichtigt in seinem IFRS/IAS-Abschluss nur seinen Anteil an den jeweils gemeinschaftlich geführten Vermögen bzw. den Schulden[63]. Ebenfalls anteilig zugerechnet werden die Aufwendungen und Erträge.

Ein **gemeinschaftlich geführtes Unternehmen** ist ein – idR. eigens zu dem vereinbarten Zweck gegründetes – Unternehmen (Joint Venture Gesellschaft), dass die Rechtsform der Kapitalgesellschaft, Personengesellschaft oder jede andere annehmen kann, an der dann jedes Partnerunternehmen beteiligt ist (IAS 31.24). Die Joint Venture Gesellschaft betätigt sich am Markt wie jedes andere Unternehmen, lediglich mit der Ausnahme, dass aufgrund einer vertraglichen Vereinbarung zwischen den Partnerunternehmen eine gemeinschaftliche Führung über die wirtschaftlichen Aktivitäten des Unternehmens vereinbart ist (IAS 31.24). Ein gemeinschaftlich geführtes Unternehmen hat – wie andere Unternehmen auch – gemäß den IFRS/IAS Bücher zu führen und Abschlüsse zu erstellen sowie vorzulegen (IAS 31.28).

---

[62] Zusammenschluss bedeutet in diesem Zusammenhang aber nicht, dass sich mehrere Partnerunternehmen zu einem einzigen Unternehmen einer beliebigen Rechtsform zusammenschließen. Vielmehr handelt es sich in um eine *Kooperation* zwischen den einzelnen Partnerunternehmen, deren Zielsetzung in der Abwicklung des gemeinsamen Projektes besteht und bei der die Partnerunternehmen jeweils rechtlich selbständige Unternehmen bleiben.

[63] Sollte ein Partnerunternehmen Schulden im eigenen Namen aufgenommen haben, werden sie diesem vollständig zugerechnet (IAS 31.21).

In der nachfolgenden Abbildung werden die drei Erscheinungsformen des Joint Ventures sowie ihre bilanzielle Behandlung noch einmal grafisch zusammenfassend wiedergegeben:

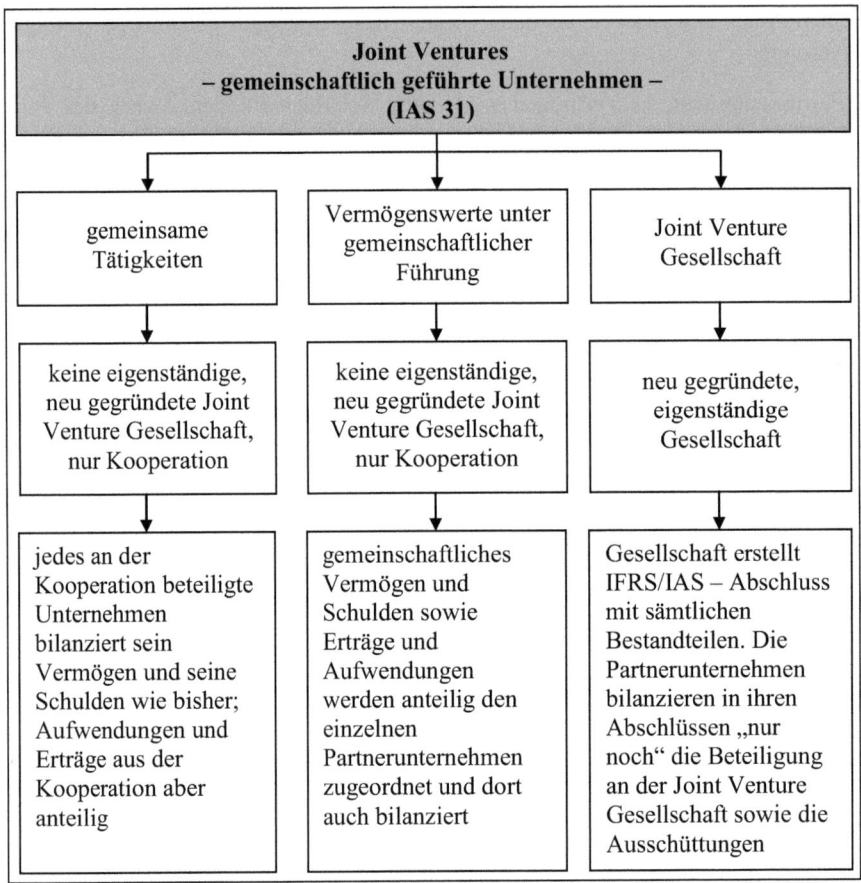

Abb. 6.2: Ausprägungsformen des Joint Ventures

6.3.2 Sonstige (übrige) Finanzanlagen

Der zweite Bestandteil der Finanzanlagen, neben den Equity-Beteiligungen, sind die **sonstigen (übrigen) Finanzanlagen** (IAS 39). Sie liegen vor, wenn weder eine Kontrolle der Finanz- und Geschäftspolitik noch eine Beherrschungsmöglichkeit gegeben ist.

Durch IAS 39.9 werden die sonstigen (übrigen) Finanzanlagen in vier verschiedene Kategorien unterteilt:
1. Finanzielle Vermögenswerte und Schulden, die zu Handelszwecken gehalten werden oder die beim erstmaligen Ansatz ergebniswirksam mit dem beizulegenden Zeitwert bewertet werden.
2. Bis zur Endfälligkeit gehaltene Finanzinvestitionen.
3. Kredite und Forderungen.
4. Zur Veräußerung verfügbare finanzielle Vermögenswerte.

Auf die einzelnen Kategorien soll an dieser Stelle nicht weiter eingegangen werden. Es wird auf IAS 39 verwiesen.

6.3.3 Bewertung/ Ausweis/ Anhangangaben der Equity-Beteiligungen und der sonstigen (übrigen) Finanzanlagen

Nachdem die Definitionen der einzelnen Equity-Beteiligungen und der sonstigen (übrigen) Finanzanlagen geklärt sind, ist nun ihre jeweilige **Bewertung** sowie ihr **Ausweis** zu behandeln. Hinsichtlich des Ansatzes/ Ausweises ist zu differenzieren, ob ein Einzel- oder ein Konzernabschluss aufgestellt wird:

Anteile an Tochterunternehmen werden im Einzelabschluss als solche unter den langfristigen Vermögenswerten ausgewiesen. Im Konzernabschluss hingegen werden sie im Rahmen der Kapitalkonsolidierung gegeneinander aufgerechnet bzw. verrechnet, wodurch sie nicht (mehr) gesondert ausgewiesen werden.

Anteile an assoziierten Unternehmen sind im Einzel- und Konzernabschluss ebenfalls als solche unter den langfristigen Vermögenswerten auszuweisen. Im Konzernabschluss sind sie aber nach der Equity-Methode zu bilanzieren (IAS 28.13). Die Equity-Methode ist eine Bilanzierungsmethode, bei der die Anteile zunächst mit ihren Anschaffungskosten bilanziert werden. Im Zeitablauf ändert sich aber regelmäßig die Werthaltigkeit der jeweiligen Anteile. Hervorgerufen bspw. durch die jährliche Zurechnung von Gewinn- oder Verlustanteilen bzw. von Ausschüttungen oder Neubewertungen des Sachanlagevermögens. Die Wertänderungen der Beteiligungen sind im Konzernabschluss entsprechend durch Erhöhungen oder Verminderungen des jeweiligen Buchwerts der Anteile anzupassen (IAS 28.11).[64] Sie stellen damit die Eigenkapitaländerungen bei dem Beteiligungsunternehmen dar und werden über die Buchwertanpassung dann auch in der (eigenen) Konzernbilanz „mitgemacht". Insofern handelt es sich um eine spiegelbildliche Darstellung der Bewertung des Anteils am assoziierten Unternehmen in der Konzernbilanz des Mutterunternehmens mit dem Eigenkapitalanteil an dem assoziierten Beteiligungsunternehmen.

---

[64] Die Wertänderungen sind in Abhängigkeit ihres wirtschaftlichen Gehalts erfolgswirksam oder erfolgsneutral zu erfassen. Vgl. im Einzelnen Beck'sches IFRS-Handbuch, 2. Aufl. 2006, S. 953 - 961, Rz. 38 - 67

Gemeinschaftsunternehmen sind im Einzelabschluss als solche unter den langfristigen Vermögenswerten auszuweisen. Im Konzernabschluss sind sie nach der Quotenkonsolidierung oder nach der eben vorgestellten Equity-Methode zu bilanzieren (IAS 31.30). Bei der Quotenkonsolidierung werden im IFRS/IAS-Abschluss des jeweiligen Partnerunternehmens (nur) die jeweiligen Anteile an den Vermögenswerten, Schulden, Aufwendungen und Erträge der Joint Venture Gesellschaft bilanziert (IAS 31.3; IAS 31.33).

Die Anteile an Tochterunternehmen, assoziierten Unternehmen und Gemeinschaftsunternehmen sind im Einzelabschluss – sofern sie nicht zur Veräußerung vorgesehen sind – entweder mit den **Anschaffungskosten** oder in **Übereinstimmung mit IAS 39** zu bewerten (IAS 27.37; IAS 28.35).

Die vier Kategorien der **sonstigen (übrigen) Finanzanlagen** werden je nach Klassifikation mit ihren **Anschaffungskosten** oder dem **beizulegenden Zeitwert** bewertet. Weitergehend soll auf die Bewertung an dieser Stelle nicht eingegangen werden. Es wird verwiesen auf IAS 39.43 bis IAS 39.70.

Sofern die sonstigen (übrigen) Finanzanlagen zur **Veräußerung** vorgesehen sind, werden sie nach IFRS 5 bewertet, wonach sie mit dem niedrigeren Wert auszuweisen sind, der sich aus dem Buchwert oder beizulegendem Zeitwert abzüglich möglicher Veräußerungskosten ergibt. Zudem sind die zum Verkauf vorgesehenen Vermögenswerte als gesonderter Posten in der Bilanz auszuweisen (IFRS 5.1).

Hinsichtlich der zu erbringenden **Anhangangaben** zu den Finanzanlagen wird verwiesen
- bei Anteilen an Tochterunternehmen auf IAS 27.40 bis IAS 27.42,
- bei assoziierten Unternehmen auf IAS 28.37 bis IAS 28.40,
- bei Gemeinschaftsunternehmen auf IAS 31.54 bis IAS 31.57 und
- bei den sonstigen (übrigen) Finanzanlagen auf IFRS 7.

6.3 Finanzanlagen

Die vorstehenden Ausführungen werden in der nachfolgenden Abbildung grafisch zusammengefasst:

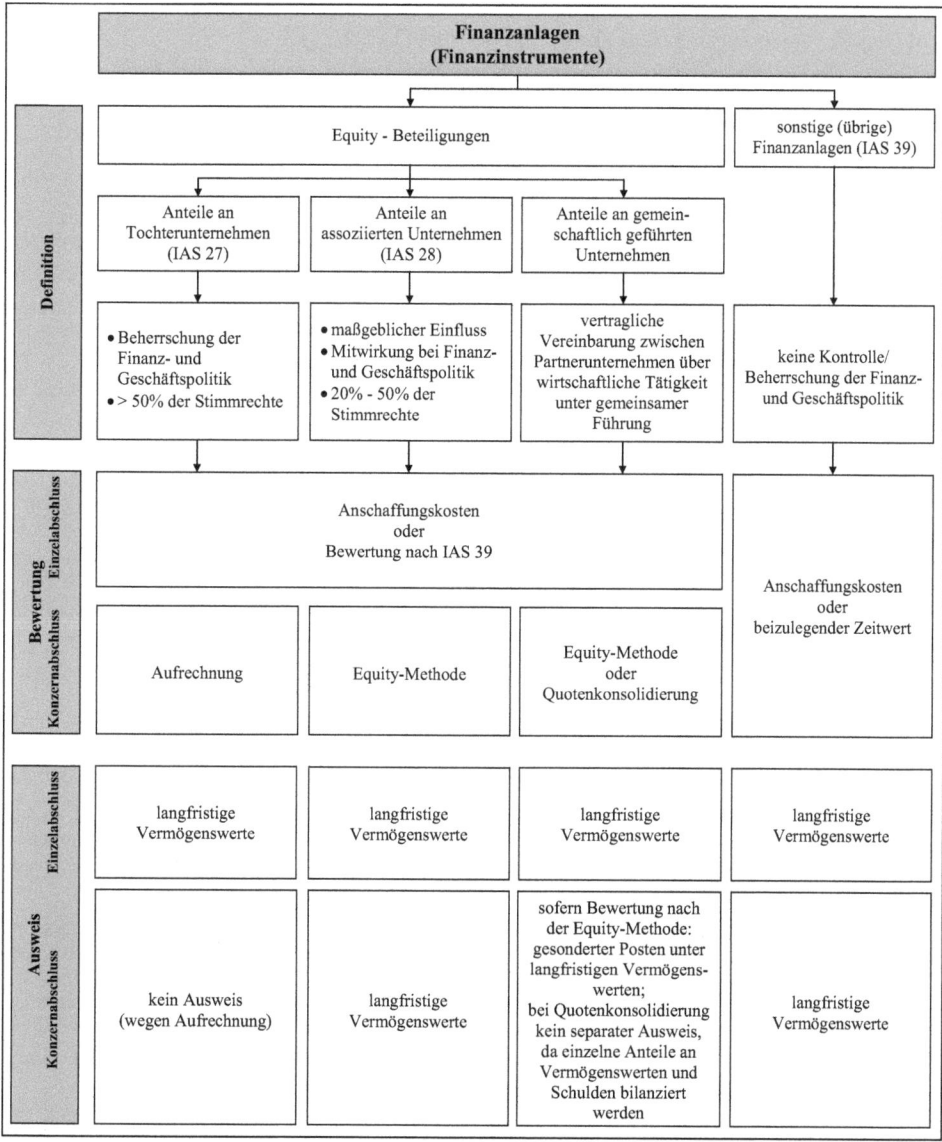

Abb. 6.3: Definition, Bewertung und Ausweis der Finanzanlagen

6.4 Leasing

Leasingverhältnisse sind Vereinbarungen, bei denen der Leasinggeber dem Leasingnehmer gegen Einmalzahlung oder einer Reihe von Zahlungen das Recht auf Nutzung eines Vermögenswertes für einen vereinbarten Zeitraum überträgt (IAS 17.4).

Hierbei werden die Leasingverhältnisse in
- Finanzierungs-Leasing und
- Operating-Leasing

unterschieden.

Ein **Finanzierungs-Leasingverhältnis** liegt vor, wenn der Leasinggeber alle mit dem Leasingobjekt wesentlich verbundenen **Risiken**[65] und **Chancen**[66] (wirtschaftliches Eigentum), die mit dem Eigentum des Leasingobjektes verbunden sind, auf den Leasingnehmer überträgt (IAS 17.8).

Das **Operating-Leasingverhältnis** wird durch IAS 17.9 zum Finanzierungs-Leasingsverhältnis negativ abgegrenzt: Es liegt vor, wenn kein Finanzierungs-Leasingsverhältnis gegeben ist.[67]

Für die **Bilanzierung des Leasingobjektes** ist entscheidend, wer die mit dem Leasingobjekt wesentlich verbundenen **Risiken** und **Chancen** innehat.

---

[65] Nach IAS 17.7 sind *Risiken* Verlustmöglichkeiten auf Grund von unbenutzten Kapazitäten oder technischer Überholung sowie Renditeabweichungen auf Grund geänderter wirtschaftlicher Rahmenbedingungen.

[66] Nach IAS 17.7 sind *Chancen* die Erwartungen eines gewinnbringenden Einsatzes im Geschäftsbetrieb während der wirtschaftlichen Nutzungsdauer des Vermögenswertes, der Gewinn aus einem Wertzuwachs oder aus der Realisation eines Restwertes.

[67] Die Einordnung eines Leasingverhältnisses in der betrieblichen Praxis als Finanzierungs- oder Operating-Leasingverhältnis und damit die Bestimmung bzw. Zuordnung der Chancen und Risiken auf den Leasinggeber bzw. -nehmer wird regelmäßig anhand der wirtschaftlichen Merkmale der jeweiligen Leasingvereinbarung vorgenommen. IAS 17.10 und 17.11 führen beispielhaft voneinander unabhängige Merkmale auf, von denen idR. bereits nur ein erfülltes zur Klassifizierung als Finanzierungsleasing ausreicht. Beispielhafte Merkmale sind:
1. Am Ende der Laufzeit des Leasingverhältnisses wird dem Leasingnehmer das Eigentum an dem Vermögenswert übertragen;
2. Der Leasingnehmer hat eine Kaufoption, den Vermögenswert zu einem Preis zu erwerben, der unter dem beizulegenden Zeitwert liegt, so dass zu Beginn des Leasingverhältnisses bereits hinreichend sicher ist, dass die Option vom Leasingnehmer ausgeübt wird;
3. Die Laufzeit des Leasingverhältnisses umfasst den überwiegenden Teil der wirtschaftlichen Nutzungsdauer des Vermögenswertes, auch wenn das Eigentumsrecht nicht übertragen wird;
4. Die Leasinggegenstände haben eine spezielle Beschaffenheit, so dass sie ohne wesentliche Veränderungen nur vom Leasingnehmer genutzt werden können;
5. Der Leasingnehmer hat die Möglichkeit, das Leasingverhältnis für eine zweite Mietperiode zu einer Miete fortzuführen, die wesentlich niedriger als die marktübliche Miete ist.

6.4.1 Finanzierungs-Leasing

Beim Finanzierungs-Leasingverhältnis aktiviert und bewertet das Leasingobjekt der **Leasingnehmer** (IAS 17.36). Er hat die Chancen und Risiken aus dem Leasingobjekt.

Mit Aktivierung des Leasingobjektes hat der **Leasingnehmer** in seine Bilanz zugleich aber auch eine **Leasingschuld** gegenüber dem Leasinggeber in Höhe des **Nettoinvestitionswertes** einzubuchen, was durch folgende Buchung geschieht:

Vermögenswert (bspw. Maschine) an Leasingverbindlichkeit [Nettoinvestitionswert]

Der **Leasinggeber** hingegen aktiviert eine **Leasingforderung** (Vermögenswert) in Höhe des Nettoinvestitionswertes (IAS 17.36), die der passivierten Leasingverbindlichkeit beim Leasingnehmer entspricht.

Rechnerisch ergibt sich der **Nettoinvestitionswert** aus dem abgezinsten[68] Bruttoinvestitionswert. Der Bruttoinvestitionswert setzt sich aus der Summe der vom Leasingnehmer zu zahlenden Leasingraten und einem (nicht garantiertem) Restwert[69] zusammen (IAS 17.41).

Die Differenz zwischen dem Brutto- und Nettoinvestitionswert, die sich durch die Abzinsung ergibt, stellt den **Zinsanteil** dar. Der Nettoinvestitionswert bildet den **Tilgungsanteil** ab und stellt die zu aktivierende Leasingforderung beim Leasinggeber und die beim Leasingnehmer zu passivierende Leasingverbindlichkeit dar.

Der Leasinggeber hat die vom Leasingnehmer erhaltenen laufenden Leasingzahlungen in einen Zins- und Tilgungsanteil aufzuteilen.[70] Der Tilgungsanteil wird mit der Leasingforderung verrechnet, wodurch sie sich ratierlich vermindert und mit Ablauf der Laufzeit getilgt ist. Der Zinsanteil ist als Zinsertrag erfolgswirksam zu erfassen. Der Leasingnehmer behandelt seine laufenden Leasingzahlungen spiegelbildlich. Der Tilgungsanteil wird mit der Leasingverbindlichkeit verrechnet[71] und der Zinsanteil als Zinsaufwand erfolgswirksam in der GuV erfasst.

Nachfolgendes Beispiel verdeutlicht noch mal die bilanzielle Behandlung bei einem Finanzierungsleasingverhältnis.

---

[68] Für die Abzinsung ist der Zinssatz heranzuziehen, der dem vertraglichen Leasingverhältnis zugrunde legt. Er wird idR. vom Leasinggeber bestimmt.

[69] Der garantierte Restwert ist der dem Leasinggeber vertraglich garantierte sichere Teil des Restwerts und stellt den vereinbarten Kaufpreis für den Leasinggegenstand bei Vertragsende dar. Er ist abzugrenzen von einem nicht garantierten Restwert.

[70] Letztlich stellt der Tilgungsanteil nichts anderes dar als die Rückgewinnung der Investitionskosten des Leasinggebers. Insofern stellt der Nettoinvestitionswert zu Beginn des Leasingverhältnisses regelmäßig die AHK des Leasinggebers dar, die er für das Leasingobjekt aufwendet. Der Zinsanteil stellt die Kapitalkosten des eingesetzten Vermögens dar.

[71] Die Leasingverbindlichkeit ist mit Ablauf der Laufzeit – wie die Forderung beim Leasinggeber – ebenfalls getilgt, da sich Leasingverbindlichkeit und Leasingforderung entsprechen.

> Beispiel:
>
> Ein Maschinenbauunternehmen least im Rahmen eines Finanzierungsleasingvertrags eine Produktionsmaschine von einer Leasinggesellschaft. Die Produktionsmaschine weist eine betriebsgewöhnliche Nutzungsdauer von 5 Jahren auf. Der Leasingvertrag läuft 5 Jahre, beginnend am 01.01.01. Während der Leasingvertragsdauer zahlt das Maschinenbauunternehmen an die Leasinggesellschaft jährlich Leasingraten iHv. 40.000 €. Die Leasinggesellschaft rechnet intern mit einem Zinssatz iHv. 8 %.
>
> Lösung:
>
> Bei einem Finanzierungsleasingverhältnis trägt der Leasingnehmer, hier das Maschinenbauunternehmen, alle wesentlichen mit dem Leasinggegenstand (Produktionsmaschine) verbundenen Risiken und Chancen. In Folge hat das Maschinenbauunternehmen auf der Passivseite ihrer Bilanz eine Verbindlichkeit in Höhe der aktivierten Anschaffungskosten für die Produktionsmaschine (Nettoinvestitionswert) zu bilanzieren (vgl. nachfolgenden Buchungssatz am 01.01.01).
>
> Die laufenden zu zahlenden Leasingraten sind in einen Zins- und Tilgungsanteil aufzuteilen. Der Tilgungsanteil mindert hierbei erfolgsneutral die passivierte Verbindlichkeit, während der Zinsanteil erfolgswirksam als Zinsaufwand in der GuV verbucht wird.
>
> Nachfolgende Tabelle zeigt die Entwicklung der Verbindlichkeit beim Maschinenbauunternehmen (Leasingnehmer):
>
> | Jahr | Leasingrate € | davon Zinsanteil € | davon Tilgungsanteil € | Verbindlichkeit € |
> |---|---|---|---|---|
> | 01.01.01 | | | | 159.708 |
> | 31.12.01 | 40.000 | 12.777 | 27.223 | 132.485 |
> | 31.12.02 | 40.000 | 10.599 | 29.401 | 103.084 |
> | 31.12.03 | 40.000 | 8.247 | 31.753 | 71.331 |
> | 31.12.04 | 40.000 | 5.706 | 34.294 | 37.037 |
> | 31.12.05 | 40.000 | 2.963 | 37.037 | 0 |
> | 31.12.06 | | | | |
> | Gesamt | 200.000 | 40.292 | 159.708 | |
>
> Die Buchungssätze lauten wie folgt:
> am 01.01.01:[72] Maschine an Verbindlichkeit 159.708
> am 31.12.01:[73] Verbindlichkeit 27.223
> Zinsaufwand 12.777 an Bank 40.000

---

[72] Der Nettoinvestitionswert (Barwert) der Maschine iHv. 159.708 € ergibt sich durch die Diskontierung aller Leasingraten auf den Beginn des Leasingverhältnisses am 01.01.01.:

$159.708 = 40.000 \times 1{,}08^{-1} + 40.000 \times 1{,}08^{-2} + 40.000 \times 1{,}08^{-3} + 40.000 \times 1{,}08^{-4} + 40.000 \times 1{,}08^{-5}$

[73] Der jeweilige Zins- und Tilgungsanteil ermittelt sich wie folgt:

$\text{Zinsanteil}_t = \text{Leasingrate}_t - \text{Tilgungsanteil}_t$
Der Tilgungsanteil des Zeitpunktes t = $\text{Leasingrate}_t \times (1 + \text{Zinssatz})^{n-t}$
Für den 31.12.04 ergibt sich damit bspw. folgende Rechnung:

```
am 31.12.02:   Verbindlichkeit   29.401
               Zinsaufwand       10.599    an    Bank    40.000
am 31.12.03:   Verbindlichkeit   31.753
               Zinsaufwand        8.247    an    Bank    40.000
am 31.12.04:   Verbindlichkeit   34.294
               Zinsaufwand        5.706    an    Bank    40.000
am 31.12.05:   Verbindlichkeit   37.037
               Zinsaufwand        2.963    an    Bank    40.000
```

Am 31.12.01 zahlt der Leasingnehmer die Leasingrate iHv. 40.000 €. Sie enthält die Verzinsung (Zinsanteil) und den Tilgungsanteil. Die für das erste Jahr zu zahlenden Zinsen betragen 12.777 € (= 159.708 x 8 %). Der Rest der Leasingrate stellt den Tilgungsanteil dar, hier 27.223 €, der die Leasingverbindlichkeit beim Leasingnehmer verringert bzw. die Forderung beim Leassinggeber. Die Restschuld bzw. Restforderung am 31.12.01 beträgt damit 132.485 €. Dieser Betrag zu 8 % verzinst ergibt für das zweite Jahr 10.599 € Zinsen. Der Rest der Leasingrate stellt wieder den Tilgungsanteil dar.

Das Maschinenbauunternehmen (Leasingnehmer) hat daneben noch die Produktionsmaschine jährlich planmäßig iHv. 31.941,60 € (= 159.708 / 5 Jahre Nutzungsdauer) abzuschreiben.[74]

Die Leasinggesellschaft bucht als Leasinggeber die eben dargestellte Verbindlichkeit sowie ihre Entwicklung und die Zinsenaufwendungen der Maschinenbauunternehmung spiegelbildlich als Forderung und Zinserträge. Insofern entsprechen sich die Entwicklungen, wodurch bei der Leasinggesellschaft zum 31.12.05 die Forderung getilgt ist und sie über die 5 Jahre erfolgswirksam Zinserträge iHv. insgesamt 40.292 € erzielt hat.

6.4.2 Operating-Leasing

Beim Operating-Leasingverhältnis hingegen bilanziert und bewertet das Leasingobjekt der **Leasinggeber** (IAS 17.49), da er nicht nur rechtlicher, sondern auch wirtschaftlicher Eigentümer ist. Er hat das Leasingobjekt so abzuschreiben, dass der Verlauf der Abnutzung bzw. der Verbrauch der Produktionskapazitäten der Realität entspricht. Die Leasingraten sind als Mietertrag zu vereinnahmen (IAS 17.50). Der Leasingnehmer hingegen hat (nur) seine Leasingzahlungen als Mietaufwand erfolgswirksam zu erfassen (IAS 17.33).

Tilgungsanteil = 40.000 x $1{,}08^{5-4}$ = 34.294
Zinsanteil = 40.000 − 34.294 = 5.706

[74] Die Abschreibung des im Anlagevermögen aktivierten Leasingobjektes sollte nach der Abschreibungsmethode und unter Zugrundelegung der betriebsgewöhnlichen Nutzungsdauer erfolgen, die für vergleichbare Vermögenswerte zur Anwendung kommt. Folglich gelten für das Sachanlagevermögen die Regelungen des IAS 16 und für immaterielle Vermögenswerte die des IAS 38. Sofern nicht sichergestellt ist, dass das Leasingobjekt am Ende des Leasingverhältnisses in das Eigentum des Leasingnehmers übergeht, ist die ggf. kürzere Leasingvertragslaufzeit als Abschreibungszeitraum zu wählen (IAS 17.27).

6.4.3 Anhang

Hinsichtlich der bei Leasingverhältnissen zu erfüllenden Anhangangaben sei auf IAS 17.31, IAS 17.35, IAS 17.47 und IAS 17.56 verwiesen.

In der folgenden Abbildung werden die vorstehenden Ausführungen zum Leasing grafisch zusammengefasst:

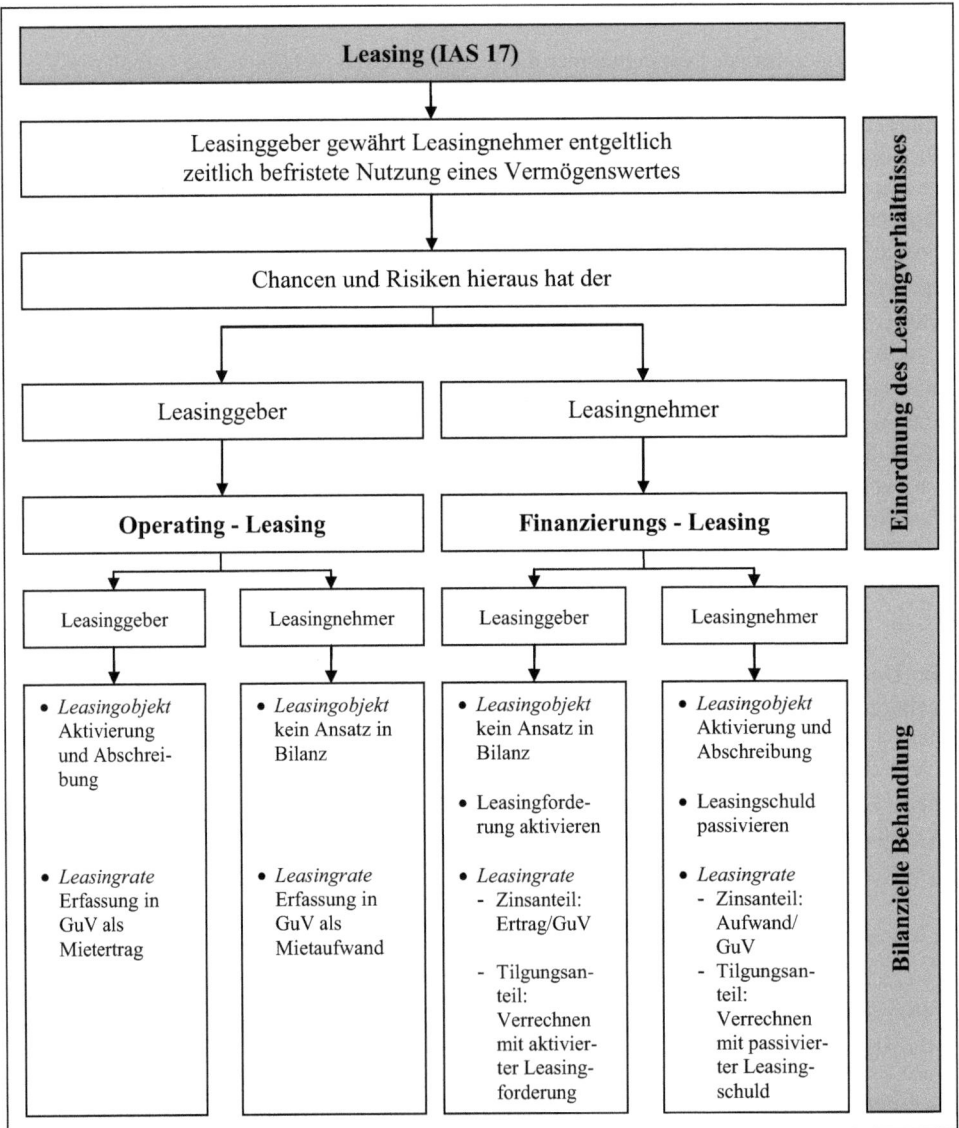

Abb. 6.4: Systematisierung der Leasingverhältnisse und ihre bilanzielle Behandlung

6.5 Als Finanzinvestition gehaltene Immobilien

Als Finanzinvestition gehaltene Immobilien sind Grundstücke oder Gebäude oder beides oder Teile davon, die zur **Erzielung von Mieteinnahmen** und/ oder zum **Zwecke von Wertsteigerungen** gehalten werden (**Renditeimmobilien**; IAS 40.5).

Diese Immobilien dürfen von dem Bilanzierenden nicht selbst zur Herstellung von Gütern oder der Erbringung von Dienstleistungen oder für eigene Verwaltungszwecke genutzt werden. Derartige Immobilien stellen Sachanlagen dar, die nach IAS 16 zu bilanzieren sind.

Damit generieren als Finanzinvestitionen gehaltene Immobilien Einnahmen, unabhängig von den sonstigen unternehmerischen Wertschöpfungsprozessen.

Sofern Immobilien **gemischt** genutzt werden, d.h. sowohl von dem bilanzierenden Unternehmen selbst als auch von Dritten im Rahmen einer Vermietung, sieht IAS 40.10 eine entsprechende Aufteilung des Gebäudes vor. Aufteilungsmaßstab ist hierbei die Möglichkeit des **gesonderten Verkaufs** des jeweiligen Immobilienteils. Sofern die Immobilienteile nicht gesondert veräußerbar sind, stellen sie nur dann eine Finanzinvestition dar, wenn der selbstgenutzte Teil für Zwecke der Erstellung oder Lieferung von Gütern bzw. der Erbringung von Dienstleistungen oder für Verwaltungszwecke unbedeutend ist (IAS 40.10).[75]

Als Finanzinvestition gehaltene Immobilien sind nur dann als solche in der Bilanz anzusetzen, wenn
- wahrscheinlich ist, dass dem Unternehmen der mit der Immobilie verbundene wirtschaftliche Nutzen zufließen wird und
- die Anschaffungs- und Herstellungskosten verlässlich ermittelt werden können (IAS 40.16).

Sofern die als Finanzinvestitionen gehaltenen Immobilien die vorstehenden Ansatzkriterien erfüllen, sind sie als gesonderter, eigenständiger Bilanzposten mit der Bezeichnung „Als Finanzinvestition gehaltene Immobilien" auszuweisen.

Die **Zugangsbewertung** erfolgt mit den Anschaffungs- und Herstellungskosten einschließlich Nebenkosten (IAS 40.20).

Bei der **Folgebewertung** hat das bilanzierende Unternehmen nach IAS 40.30 zwei Methoden zur Auswahl. Entweder werden die Immobilien mit den
- fortgeführten Anschaffungs- und Herstellungskosten (IAS 40.30 spricht von Anschaffungskostenmodell) oder mit dem
- beizulegenden Zeitwert

bewertet.

---

[75] Durch IAS 40.10 wird nicht bestimmt, wann die Eigennutzung unbedeutend ist. In der Literatur werden Werte diskutiert, die von 5 % bis hoch zu 30 % reichen; vgl. bspw. Lüdenbach/ Hoffmann: IFRS/IAS, 2. Aufl. 2004, § 16 Rz. 13, S. 600.

Bei der Folgebewertung zu **fortgeführten Anschaffungs- und Herstellungskosten** hat der Bilanzierende sämtliche als Finanzinvestitionen gehaltene Immobilien nach den Vorschriften des IAS 16 zu bewerten (IAS 40.30 iVm. IAS 40.56; IAS 16.5).[76] Das heißt, die Immobilien sind mit ihren Anschaffungs- und Herstellungskosten abzüglich der planmäßigen und nach einem Wertminderungstest ggf. außerplanmäßigen Abschreibungen anzusetzen. Zu beachten ist, dass die Anwendung der **Neubewertungsmethode** (IAS 16.31) bei als Finanzinvestitionen gehaltenen Immobilien jedoch **nicht zulässig** ist (IAS 16.5).

Nach IAS 40.36 ist der **beizulegende Zeitwert** von als Finanzinvestitionen gehaltenen Immobilien der Preis, zu dem die Immobilien zwischen sachverständigen, vertragswilligen und voneinander unabhängigen Geschäftspartnern getauscht werden könnten, wobei Transaktionskosten außer Acht bleiben (IAS 40.37). Insofern spiegelt der beizulegende Zeitwert die Marktbedingungen am Bilanzstichtag wider (IAS 40.38) und entspricht damit dem in der deutschen Gesetzgebung verwendeten Begriff des **Verkehrswertes**. Gewinne oder Verluste, die durch die Änderung des beizulegenden Zeitwertes im Zeitablauf auftreten, sind erfolgswirksam in der GuV zu erfassen (IAS 40.35).

Die vom Bilanzierenden gewählte Bewertungsmethode ist dann auf **sämtliche** als Finanzinvestitionen gehaltenen Immobilien anzuwenden (IAS 40.30). Die Bewertungsmethode kann auch nicht beliebig gewechselt werden, es sei denn, es dient der sachgerechteren Darstellung der Vermögens-, Finanz- und Ertragslage der Gesellschaft (IAS 40.31; IAS 40.55).

Sofern sich das Unternehmen für die fortgeführte Anschaffungs- und Herstellungskosten-Methode entscheidet, hat sie trotzdem auch die beizulegenden Zeitwerte zu ermitteln und im Anhang anzugeben (IAS 40.32; IAS 40.79 (e)).

Hinsichtlich der im Abschluss zu erbringenden Anhangangaben wird auf IAS 40.74 ff. verwiesen.

6.6 Vorräte

6.6.1 Definition/ Ansatz/ Ausweis

Nach IAS 2.6 sind Vorräte alle Vermögenswerte,
- die zum Verkauf im normalen Geschäftsgang gehalten werden (**fertige Erzeugnisse** oder **Handelswaren**) oder
- die sich in der Herstellung für einen solchen Verkauf befinden (**unfertige Erzeugnisse**) oder
- die als **Roh-, Hilfs- und Betriebstoffe** dazu bestimmt sind, bei der Herstellung oder der Erbringung von Dienstleistungen verbraucht zu werden.

---

[76] Vgl. die Ausführungen unter dem Gliederungspunkt 6.2.2.2.3.

6.6 Vorräte

Damit entspricht das Vorratsvermögen nach IAS 2 grundsätzlich dem handelsrechtlichen, das nach § 266 HGB wie folgt gegliedert ist:
- Roh-, Hilfs- und Betriebsstoffe
- unfertige Erzeugnisse, unfertige Leistungen
- fertige Erzeugnisse und Waren

Durch IAS 2 wird keine Bilanzgliederung für die Vorräte vorgegeben, so dass das vorstehende HGB-Gliederungsschema im IFRS/IAS-Abschluss möglich ist. Dennoch ergeben sich durch IAS 2 für die Vorräte einige Besonderheiten:

So schließt IAS 2
- (langfristige) Fertigungsaufträge[77],
- Finanzinstrumente[78] und
- biologische Vermögenswerte, die mit landwirtschaftlichen Tätigkeiten und Produkten zum Zeitpunkt der Ernte in Zusammenhang stehen[79],

aus dem Vorratsvermögen aus.

Weiterhin ergibt sich als bilanzielle Besonderheit durch IAS 2, dass Roh-, Hilfs- und Betriebsstoffe, die **nicht produktionsbestimmt** sind, getrennt von den produktionsbezogenen im Vorratsvermögen auszuweisen sind.

Als nicht produktionsbezogene Roh-, Hilfs- und Betriebsstoffe kommen bspw. in Betracht: Büromaterial, Treibstoffe, Wärmemittel oder Heizstoffe, die auf andere Unternehmensabteilungen als die Produktion entfallen.

Sofern geleistete **Anzahlungen auf Vorräte** vorliegen, ist zu unterscheiden, ob die Unternehmung selber Anzahlungen auf bestellte Vorräte geleistet hat oder ob sie solche erhalten hat. Sofern sie Anzahlungen geleistet hat, sind sie im Posten Vorräte gesondert auszuweisen. Erhaltene Anzahlungen hingegen sind als Passivposten (Verbindlichkeit) auszuweisen.

Der IAS 2 beinhaltet keine speziellen Ansatzvorschriften für die Vorräte. Von daher sind die allgemeinen, nachstehenden Kriterien der abstrakten und konkreten Bilanzierungsfähigkeit des **Frameworks** heranzuziehen:
- Das bilanzierende Unternehmen hat die Verfügungsgewalt über die Vorräte durch ein Ergebnis vergangener Geschäftsvorfälle oder anderer Ereignisse der Vergangenheit (F. 57, 58),
- dem Bilanzierenden wird künftig wahrscheinlich ein wirtschaftlicher Nutzen aus den Vorräten zufließen (F. 83, 89, 55) und
- die Anschaffungs- oder Herstellungskosten der Vorräte lassen sich verlässlich ermitteln (F. 89).

---

[77] Die (langfristigen) Fertigungsaufträge entsprechen von ihrem Wesen her den Forderungen und werden durch IAS 11 geregelt.

[78] Die Finanzinstrumente werden dem Wertpapierbereich zugeordnet und durch IAS 32 geregelt.

[79] Die biologischen Vermögenswerte werden gesondert durch IAS 41 „Landwirtschaft" behandelt.

6.6.2 Bewertung

Die Bewertung der Vorräte ist wie folgt geregelt:

Die **Zugangsbewertung** der Vorräte erfolgt zu den Anschaffungs- und Herstellungskosten.

Die Anwendung von **Bewertungsvereinfachungsverfahren** als Ermittlungsverfahren für die Anschaffungs- und Herstellungskosten ist zulässig, wobei in Abweichung zum Handelsrecht im IFRS/IAS-Abschluss nur der **gewogene Durchschnitt** und von den Verbrauchsfolgeverfahren das **First in – First out** (FiFo) Verfahren zulässig ist. Die Anwendung des LiFo-Verfahrens (Last in – First out) ist seit dem 01.01.2005 nicht mehr erlaubt.[80]

Im Rahmen der **Folgebewertung** tritt neben die Anschaffungs- oder Herstellungskosten der **Nettoveräußerungswert** (IAS 2.28). Denn die Folgebewertung hat unter Beachtung des **strengen Niederstwertprinzips** analog der handelsrechtlichen Regelung zu erfolgen. Hiernach hat der Bilanzierende den niedrigeren Wert aus Anschaffungs- und Herstellungskosten und Nettoveräußerungswert anzusetzen (IAS 2.9).

Der **Nettoveräußerungswert** ist nach IAS 2.28 der geschätzte, im normalen Geschäftsbetrieb erzielbare Erlös, abzüglich der geschätzten noch anfallenden Kosten der Fertigstellung und des Vertriebs.[81] Durch die Abzugspositionen wird sichergestellt, dass das Vorratsvermögen nicht mit einem zu hohen Wert bewertet wird, der sich später beim Verkauf oder Gebrauch nicht als Erlös realisiert (verlustfreie Bewertung).

Der Nettoveräußerungswert entspricht damit der handelsrechtlichen **retrograden Bewertung** und ergibt sich wie folgt:

Geschätzter Verkaufspreis
 – **geschätzte noch anfallende Kosten der Fertigstellung**
 – **Erlösschmälerungen**
 – **geschätzte notwendige Vertriebskosten**

= **Nettoveräußerungswert am Bilanzstichtag**

Sind Vorräte mit dem Nettoveräußerungserlös bewertet, ist dieser zu jedem weiteren Abschlussstichtag erneut festzustellen. Sofern die Wertminderung zwischenzeitlich entfallen ist, ist eine **Zuschreibung** bis maximal zu den Anschaffungs- oder Herstellungskosten Pflicht. Sofern zuzuschreiben ist, ist der Zuschreibungsbetrag in der GuV als Verminderung des

---

[80] Die Anwendung der LiFo-Methode führt bei im Zeitablauf steigenden Preisen zu der Bildung von stillen Reserven, da sich die Vorräte mit den niedrigeren AHK noch auf Lager befinden, die aktuellen Wiederbeschaffungskosten aber höher sind. Die bewusste Bildung – wie auch die Auflösung – stiller Reserven soll nach dem Wesen der IFRS/IAS aber vermieden werden, um „näher" an den wahren betriebswirtschaftlichen Erfolg zu sein.

[81] Der Nettoveräußerungswert der Vorräte (IAS 2.28) entspricht dem handelsrechtlichen beizulegenden Wert nach § 253 Abs. 3 S. 2 HGB, der für fertige und unfertige Erzeugnisse sowie für Waren absatzmarktorientiert festgestellt wird.

Materialaufwands[82] zu buchen und nicht als *sonstiger betrieblicher Ertrag* oder *Erhöhung des Bestands an fertigen und unfertigen Erzeugnissen*.

In Abweichung zum Handelsrecht gilt das **Zuschreibungsgebot** im IFRS/IAS-Abschluss **rechtsformunabhängig**. Insofern haben alle Unternehmen bei einem Wegfall des Wertminderungsgrundes zuzuschreiben.

Sofern Vorräte mit dem Nettoveräußerungswert bewertet sind und er in der Folgeperiode noch tiefer gesunken ist, muss weiter außerplanmäßig auf den „neuen" noch niedrigeren Nettoveräußerungswert abgeschrieben werden.

Gründe für außerplanmäßige Abschreibungen auf den Nettoveräußerungserlös können sich bspw. dadurch ergeben, dass die Vorräte beschädigt, veraltet oder die Verkaufspreise rückläufig sind.

Sobald Vorräte verkauft sind, sind sie in dem Geschäftsjahr als Aufwand (Materialaufwand) in der GuV zu erfassen, in dem auch die zugehörigen Erträge (Umsatzerlöse) realisiert wurden (IAS 2.34). Hierdurch kommt es zu einer periodengerechten Zusammenführung von Ertrag und zugehörigem Aufwand.

6.6.3 Anhang

Hinsichtlich der Vorräte hat das bilanzierende Unternehmen folgende **Anhangangaben** zu erteilen (IAS 2.36 ff.):
- Bilanzierungs- und Bewertungsmethoden der Vorräte einschließlich der angewendeten Bewertungsvereinfachungsverfahren (Durchschnittsmethode oder FiFo-Methode),
- Gesamtbuchwert sowie die unternehmensspezifischen Einzelbuchwerte der Vorräte,
- Gesamtbuchwert, der zum Nettoveräußerungserlös bewerteten Posten in einem Betrag,
- Gesamtbetrag, der als Aufwand erfassten Vorräte (Materialaufwand),
- Gesamtbetrag, der auf die Vorräte entfallenden außerplanmäßigen Wertminderungen (Abschreibungen),
- Gesamtbetrag, der auf die Vorräte entfallenden Zuschreibungen, die als Kürzungen des Materialaufwandes erfasst sind, sowie die Angaben des Zuschreibungsgrundes,
- Buchwert der Vorräte, die als Sicherheit für Verbindlichkeiten verpfändet sind.

Zusammenfassung

Die IFRS/IAS-Vorräte entsprechen grundsätzlich auch den handelsrechtlichen Vorräten, wobei für Fertigungsaufträge, biologische Vermögenswerte, landwirtschaftliche Erzeugnisse und Finanzinstrumente keine Einbindung in IAS 2 erfolgt, sondern eine separate Abhandlung in IAS 11, IAS 41 und IAS 32.

Die Zugangsbewertung der Vorräte erfolgt zu den Anschaffungs- und Herstellungskosten. Im Rahmen der Folgebewertung kommt als zweite Wertgröße der Nettoveräußerungswert hinzu. Gemäß dem Niederstwertprinzip sind die Vorräte mit dem niedrigen Wert zu bilanzieren.

---

[82] Der Buchungssatz würde dann lauten: Vorräte an Materialaufwand [Zuschreibungsbetrag].

Sofern eine Wertminderung entfallen ist, besteht rechtsformunabhängig ein Zuschreibungsgebot bis maximal auf die (historischen) Anschaffungs- oder Herstellungskosten.

6.7 Fertigungsaufträge

Durch IAS 11 wird die Zuordnung der Aufwendungen und Erträge **periodenübergreifender** Fertigungsaufträge auf die einzelnen Geschäftsjahre geregelt.

Handelsrechtlich handelt es sich bei den Fertigungsaufträgen um **unfertige Arbeiten** oder **unfertige Leistungen** im Anlagenbau bzw. Großanlagenbau, bspw. in der Bauindustrie oder im Schiffsbau. Die damit verbundene Behandlung führt zum Ausweis von **Forderungen**[83] in der Bilanz und von **Umsatzerlösen** in der GuV.

Bei langfristigen Fertigungen fallen der Fertigungsbeginn und das Fertigungsende in unterschiedliche Perioden. Hierbei tritt die Frage auf, zu welchem Zeitpunkt die **Gewinnrealisierung** aus dem Fertigungsauftrag eintritt bzw. wann die Erlöse aus dem Auftrag und die in diesem Zusammenhang stehenden Aufwendungen zu verbuchen sind.

Eine Gewinnrealisierung nach dem **Leistungsfortschritt** ist handelsrechtlich nicht zulässig, da hierdurch gegen das Realisationsprinzip bzw. Anschaffungskostenprinzip verstoßen würde. Insofern darf handelsrechtlich erst mit Endabnahme (Verschaffung der Verfügungsmacht) und Stellung der Endabrechnung der Umsatzausweis (Erfolgsrealisierung/ Umsatzakt) sowie der bilanzielle Zugang des Vermögenswertes beim Leistungsempfänger erfolgen. Diese Behandlungsweise wird als **Completed-Contract-Methode** bezeichnet.

Im IFRS/IAS-Abschluss hingegen erfolgt die Erfolgsrealisierung nach dem Leistungsfortschritt (**Percentage-of-Completion-Methode**). Die Gewinnrealisierung nach Maßgabe des Auftragsfortschritts führt zu einer Glättung des Erfolgsausweises über die Auftragsdauer, weil den Umsatzerlösen die entsprechenden zugehörigen Aufwendungen ebenfalls periodengerecht zugeordnet werden.

Die zwingende Anwendung der Percentage-of-Completion-Methode erfordert, dass eine verlässliche Ermittlung
- der Auftragserlöse (Umsatzerlöse),
- der Auftragskosten und
- des jeweilige Fertigstellungsgrades

möglich ist. Hierdurch kommt es zu einem dem Fertigungsfortschritt entsprechenden Ausweis des Auftragserfolges im Jahresabschluss.

Unter die **Auftragskosten** fallen alle direkten und indirekten Kosten, die dem Fertigungsvertrag zurechenbar sind, sowie sonstige Kosten, die dem Kunden vertragsgemäß in Rechnung gestellt werden können.

---

[83] Bspw. mit der Bilanzpostenbezeichnung *Langfristige Fertigungsaufträge*.

Direkte Kosten sind bspw. Fertigungslöhne bzw. Löhne und Gehälter für die Projektüberwachung, Fertigungsmaterialien, Abschreibungen der eingesetzten Maschinen und Anlagen, Transportkosten der Anlagen und Maschinen zum bzw. vom Leistungsort, Kosten für Nachbesserungen oder Garantieleistungen.

Unter die **indirekten Kosten** fallen bspw. Versicherungsprämien für die Versicherung der eingesetzten Maschinen und Anlagen, Fertigungsgemeinkosten, wie bspw. Kosten für die Lohnabrechnung der im Fertigungsbereich eingesetzten Mitarbeiter.

Unter die **sonstigen** dem Kunden in Rechnung zu stellenden **Auftragskosten** fallen bspw. allgemeine abrechenbare Verwaltungskosten oder Entwicklungskosten.

Folgende Aufwendungen dürfen dem Fertigungsauftrag hingegen **nicht** zugeordnet werden (IAS 11.20):
- Kosten der allgemeinen Verwaltung,
- Vertriebskosten,
- Forschungs- und Entwicklungskosten, insoweit eine Erstattung nicht vertraglich vereinbart ist, und
- Abschreibungen auf ungenutzte Anlagen.

Sofern bei Fertigungsaufträgen die **gesamten Kosten** die **gesamten Erlöse** vermutlich übersteigen werden, sind die erwarteten Verluste sofort als Aufwand in der GuV erfolgswirksam zu berücksichtigen (IAS 11.36).[84]

Über die Fertigungsaufträge sind im **Anhang** folgenden Angaben zu geben (IAS 11.39-45):
- in der Berichtsperiode erfasste Auftragserlöse,
- die Methode zur Ermittlung der in der Berichtsperiode erfassten Erlöse aus Fertigungsaufträgen (d.h. die Anwendung der Percentage-of-Completion-Methode),
- die Methode(n) zur Ermittlung des Fertigstellungsgrades der laufenden Projekte,
- die Summe der angefallenen Kosten und ausgewiesenen Gewinne,
- den Betrag erhaltener Anzahlungen und
- den Betrag von Einbehalten.

Zusammenfassung
Langfristige Fertigungsaufträge, d.h. Aufträge, die über mehrere Geschäftsperioden hinweg erfolgen, sind im IFRS/IAS-Abschluss gemäß ihres Leistungsfortschrittes und mit dem entsprechenden Ergebnisausweis zu erfassen (Percentage-of-Completion-Methode), im Gegensatz zur handelsrechtlichen Regelung, nach der Teilrealisierungen unzulässig sind.

---

[84] Das buchungstechnische Gegenkonto ist dann das Forderungskonto, bspw. mit der Bezeichnung *langfristige Fertigungsaufträge*, das die langfristigen unfertigen Arbeiten/ Leistungen als Bestand enthält. Der Buchungssatz würde dann lauten: Aufwand an langfristige Fertigungsaufträge [Verlustbetrag].

6.8 Forderungen

Die IFRS/IAS differenzieren Forderungen danach, ob sie auf Grund
- **vertraglicher Basis** (Forderungen aus Lieferungen und Leistungen sowie sonstige vertragliche Forderungen) oder auf Grund
- **nicht-vertraglicher Basis** (sonstige Forderungen)

entstanden sind. Diese Unterscheidung ist maßgeblich für Bilanzausweis, Bewertung und Anhangangaben.

Forderungen, die auf Grund vertraglicher Basis entstanden sind, stellen **finanzielle Vermögenswerte** und zugleich **Finanzinstrumente** dar, die durch IAS 32 und IAS 39 geregelt werden. Sie resultieren immer aus **abgeschlossenen Verträgen**, wie bspw. Kaufverträgen, Schadensersatzansprüche aus Verträgen, Rückgriffsansprüche aus Bürgschaften, Zinsansprüche aus Kreditverträgen usw., und werden in *Forderungen aus Lieferungen und Leistungen* und *sonstige vertragliche Forderungen* unterschieden. Sonstige vertragliche Forderungen, denen keine Lieferungen oder Leistungen zu Grunde liegen, sind bspw. Reisekostenvorschüsse, Boni- oder Rückvergütungsvereinbarungen mit Lieferanten usw.

Forderungen, die **ohne vertragliche Grundlage** entstanden sind, resultieren idR. immer auf **gesetzlichen Grundlagen**, wie bspw. gesetzliche Schadensersatzansprüche, Steuerforderungen, Forderungen aus Investitionszulagen, Ansprüche auf Zuwendungen/ Zuschüsse der öffentlichen Hand usw. Sie werden als *sonstige Forderungen* bezeichnet. Sie stellen keine finanziellen Vermögenswerte und keine Finanzinstrumente dar und sind folglich nach den allgemeinen Grundsätzen des Rahmenkonzeptes über die Bilanzierung von Vermögenswerten zu bilanzieren (F. 89; F. 101).

Losgelöst von vorstehender Differenzierung der Entstehungsbasis sind nach IAS 1.75 (b) Forderungen in der Bilanz oder im Anhang mindestens aufzugliedern in:
- Forderungen gegenüber Handelskunden
- Forderungen gegenüber nahe stehenden Unternehmen und Personen
- Vorauszahlungen
- sonstige Beträge

Hinsichtlich der zu erbringenden **Anhangangaben** wird auf IAS 32.60 bis IAS 32.94 und IFRS 7 verwiesen.

6.8.1 Ansatz und Bewertung der Forderungen aus Lieferungen und Leistungen

Eine Forderung ist **entstanden** und damit zugleich die **Realisierung des Erfolges**, wenn die vertraglich geschuldete Lieferung/ Leistung durch das bilanzierende Unternehmen erbracht/ erfüllt ist und somit der Anspruch auf das vereinbarte Entgelt entstanden ist (IAS 39.AG 35). In diesem Augenblick ist die Forderung im Rechnungswesen einzubuchen bzw. in der der Bilanz auszuweisen. Insofern besteht hier kein Unterschied zum Handelsrecht.

6.8 Forderungen

Die **Zugangsbewertung** bzw. Einbuchung der Forderung aus Lieferungen und Leistungen erfolgt mit den **Anschaffungskosten**. Hierbei entsprechen die Anschaffungskosten dem beizulegenden Zeitwert der Lieferung/ Leistung (IAS 39.43; IAS 39.AG 64).

Kurzfristige unverzinsliche oder niedrig-verzinsliche Forderungen können mit dem Rechnungsbetrag eingebucht (bewertet) werden, sofern der Abzinsungseffekt unwesentlich ist. Wenngleich durch IAS 39.AG 79 nicht definiert wird, wann die Unwesentlichkeit gegeben ist.

Bei der **Folgebewertung** ist zu unterscheiden:
- Hat die bilanzierende Unternehmung **Kredite** vergeben, sind die Rückzahlungsansprüche in Form der Forderungen mit den fortgeführten Anschaffungskosten zu bewerten (IAS 39.46). Liegen Hinweise auf einen Rückzahlungsausfall vor, ist die entsprechende Forderung erfolgswirksam außerplanmäßig auf den erwarteten künftigen Cash flow-Betrag abzuschreiben (IAS 39.63).
- Bei **Forderungen in ausländischer Währung** ist der aktuelle Devisenstichtagskurs der Bewertung zu Grunde zulegen, auch wenn er höher als die ursprünglichen Anschaffungskosten ist. Kursgewinne und -verluste sind erfolgswirksam in der GuV zu erfassen (IAS 39.55 (a) iVm. IAS 39.AG 83 iVm. IAS 21).
- Unabhängig von der Art der **Forderung aus Lieferungen und Leistungen** ist sie auf mögliche **Wertminderungen** zu prüfen. Hierbei führen objektive Bonitätsrisiken, Währungsrisiken, eröffnete Insolvenzverfahren usw. zu einer entsprechenden Wertminderung der **einzelnen** Forderung (IAS 39.58 f.). Das **allgemeine Ausfallrisiko** (Kreditrisiko) von Forderungen, bei denen kein spezielles Ausfallrisiko (Wertminderung) festgestellt werden kann, ist durch eine **Pauschalwertberichtigung** zu berücksichtigen. Der pauschale Wertminderungsabschlag ist anhand von Erfahrungswerten der Vergangenheit über die Uneinbringlichkeit, den Zahlungsverzug, Beitreibungsaufwand usw. zu bestimmen (IAS 39.64). Die Wertminderungen sind erfolgswirksam zu erfassen, ebenso mögliche Wertaufholungen.

Die Forderungen aus Lieferungen und Leistungen sind in der Bilanz nach IAS 1.68 in Abhängigkeit der Laufzeit unter den **lang- und kurzfristigen Vermögenswerten** jeweils als eigenständiger Bilanzposten mit der Bezeichnung *Forderungen aus Lieferungen und Leistungen* auszuweisen.

Die **Ausbuchungen** der *Forderungen aus Lieferungen und Leistungen* und der – im Vorgriff auf die im nächsten Gliederungspunkt behandelten – *sonstigen vertraglich begründeten Forderungen* erfolgt, wenn
- der Anspruch erloschen ist, bspw. durch Zahlung, Verzicht, Verjährung oder Umschuldung, oder
- die bilanzierende Unternehmung die Forderung veräußert hat, bspw. durch Abtretung, Factoring.

6.8.2 Ansatz und Bewertung der sonstigen vertraglich begründeten Forderungen

Die Einbuchung in das Rechnungswesen bzw. der Ausweis in der Bilanz (Ansatz) von sonstigen vertraglichen Forderungen erfolgt im Zeitpunkt der Entstehung des vertraglichen Anspruchs.

Bei Boni- oder Rückvergütungsvereinbarungen entsteht der Anspruch im Zeitpunkt der Erfüllung der individuellen vertraglichen Vereinbarung, bspw. durch Erreichen oder Überschreiten der vereinbarten Abnahmemenge oder des Umsatzes.

Die **Zugangsbewertung** der sonstigen vertraglichen Forderung hat in Höhe des Anspruchs zu erfolgen, was der Summe der künftigen Einzahlungen entspricht (IAS 39.AG 64).

Im Rahmen der **Folgebewertung** sind vertraglich basierte Forderungen zu fortgeführten Anschaffungskosten zu bewerten. Sofern Hinweise für eine geringere Werthaltigkeit der Forderung vorliegen, ist ein Impairment-Test (Wertminderungstest) durchzuführen.[85] Hierbei stellt der *erzielbare Betrag* die erwarteten Rück- oder Einzahlungen auf die Forderung dar.

Der **Ausweis** der sonstigen vertraglich begründeten Forderungen erfolgt unter den *sonstigen Vermögenswerten* in Abhängigkeit ihrer Laufzeit unter den kurz- und langfristigen Vermögenswerten.

6.8.3 Ansatz und Bewertung der nicht-vertraglich begründeten Forderungen (sonstige Forderungen)

Bei nicht-vertraglich basierten Forderungen entsteht nach F. 83; 89 die einzelne Forderung zu dem Zeitpunkt, zu dem
- wahrscheinlich ist, dass ein zukünftiger wirtschaftlicher Nutzen aus dem Vermögenswert dem Unternehmen zufließen wird und
- die Anschaffungskosten zuverlässig bestimmt werden können.

Bei der **Zugangsbewertung** der nicht-vertraglich basierten Forderung wird als Anschaffungskosten der zuverlässig bestimmte (ggf. geschätzte) Betrag angesetzt, der die voraussichtlichen Einzahlungen widerspiegelt (F. 83 ff.).

Die **Folgebewertung** hat ebenfalls unter Zugrundelegung der erwarteten Zahlungseingänge zu erfolgen.

Der **Ausweis** der nicht-vertraglich begründeten Forderungen erfolgt je nach Laufzeit unter den kurz- oder langfristigen Vermögenswerten mit der Bilanzpostenbezeichnung *sonstige Vermögenswerte*.

---

[85] Vgl. zum Wertminderungstest analog die Ausführungen unter Gliederungspunkt 3.3 und 3.5.1.

6.8 Forderungen

Nicht-vertraglich basierte Forderungen sind **auszubuchen**, wenn die Forderung durch die erhaltene Zahlung erloschen ist oder sie nicht mehr in der Verfügungsmacht des bilanzierenden Unternehmens steht (F. 49).

Mit nachfolgender Abbildung werden die vorstehenden Ausführungen zu den Forderungen grafisch zusammengefasst.

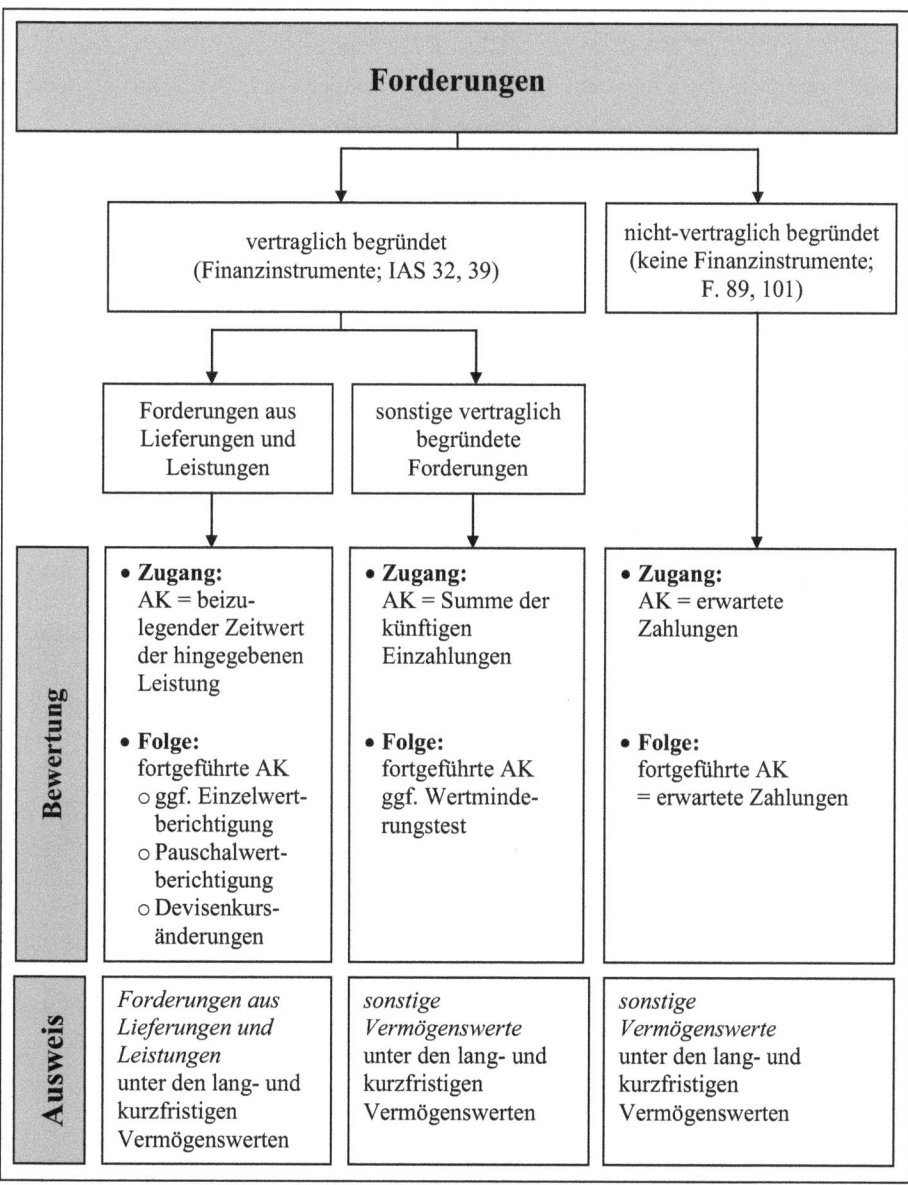

Abb. 6.5: Systematisierung, Bewertung und Ausweis der Forderungen

Fragen und Lösungen

1. Welche Anforderungen muss ein Geschäftsvorfall nach dem Framework erfüllen, damit ein Vermögenswert vorliegt?
   Der Geschäftsvorfall muss folgende drei Merkmale aufweisen (F. 49 (a)): Das bilanzierende Unternehmen hat die Verfügungsmacht über eine Ressource, die das Ergebnis aus einem Geschäftsvorfall ist oder aus einem Ereignis der Vergangenheit resultiert und von der erwartet wird, dass dem bilanzierenden Unternehmen daraus künftig ein wirtschaftlicher Nutzen zufließen wird (abstrakte Bilanzierungsfähigkeit).

2. Welche Voraussetzungen muss ein Vermögenswert erfüllen um in der Bilanz aktiviert zu werden?
   Ein Vermögenswert kann nur dann in der Bilanz aktiviert werden, wenn neben der abstrakten Bilanzierungsfähigkeit auch die konkrete Bilanzierungsfähigkeit gegeben ist. Welche Anforderungen dies jeweils im Einzelnen sind, die zu erfüllen sind, bestimmt sich grundsätzlich nach den einzelnen IFRS/IAS.

3. Was stellen die *fortgeführten Anschaffungs- und Herstellungskosten* dar?
   Als fortgeführte Anschaffungs- und Herstellungskosten (auch als *Anschaffungskostenmethode* bezeichnet) wird der (aktuelle) Buchwert eines Vermögenswertes bezeichnet, der durch die plan- und außerplanmäßigen Abschreibungen jeweils verringert wird.

4. Skizzieren Sie kurz die Neubewertungsmethode!
   Die Neubewertungsmethode kommt bei der Folgebewertung insbesondere von *Sachanlagen* und *immateriellen Vermögenswerten* zur Anwendung. Das bilanzierende Unternehmen hat ein Bewertungswahlrecht dahingehend, die einzelnen Vermögenswerte mit den fortgeführten Anschaffungs- und Herstellungskosten zu bewerten oder eine Neubewertung mit dem (höheren) beizulegenden Zeitwert vorzunehmen.
   Sofern ein Ansatz mit dem beizulegenden Zeitwert erfolgt, werden durch das bilanzierende Unternehmen bewusst die – in dem jeweiligen Vermögenswert steckenden stillen Reserven – offengelegt. Buchungstechnisch wird die Werterhöhung in die Neubewertungsrücklage gebucht, die Eigenkapital darstellt.

5. Erklären Sie den Komponentenansatz!
   Der Komponentenansatz fordert, dass im IFRS/IAS-Abschluss grundsätzlich jeder einzelne Vermögenswert des Sachanlagevermögens in seine wesentlichen Bestandteile aufzugliedern ist. Die einzelnen Bestandteile sind dann gesondert zu bilanzieren und über die jeweilige Nutzungsdauer des Bestandteiles abzuschreiben. Ein wesentlicher Bestandteil liegt immer dann vor, wenn die Nutzungsdauer des einzelnen Bestandteiles unterschiedlich im Vergleich zu den anderen Bestandteilen ist und dies wesentliche Auswirkungen auf die Darstellung der Vermögens- und Ertragslage der bilanzierenden Gesellschaft hat.

7 Die Passivseite der Bilanz

Die Passivseite der IFRS/IAS-Bilanz setzt sich aus den **Schulden** und dem **Eigenkapital** zusammen.

7.1 Schulden

Bei der Bilanzierung der Schulden hat das bilanzierende Unternehmen – wie auch bei den Vermögenswerten – zunächst die einzelnen IFRS/IAS-Standards zu beachten.[86] Erst wenn die Einzelstandards keine abschließenden Regelungen enthalten, ist auf die Definitionen und Ansatzkriterien des Frameworks zurückzugreifen. Danach liegen Schulden vor, wenn kumulativ folgenden drei Merkmale erfüllt sind (Merkmale der abstrakten Passivierungsfähigkeit; F. 49(b)):
- Es muss sich um eine **gegenwärtige Verpflichtung** handeln,
- die sich aufgrund **vergangener Ereignisse** ergeben hat und
- deren Erfüllung voraussichtlich zum **Abfluss von wirtschaftlichem Nutzen verkörpernder Ressourcen** führen wird.

Das Merkmal **gegenwärtige Verpflichtung** verdeutlicht, dass es sich grundsätzlich um eine **Außen- oder Drittverpflichtung** handeln muss. Insofern sind **Aufwandsrückstellungen** unzulässig, wobei nach IAS 37.72 als Ausnahme unter ganz bestimmten Bedingungen Rückstellungen für Restrukturierungen/ Rekultivierungen zulässig sind (IAS 37.70 ff.).

Zum anderen kann eine bilanzierungspflichtige Schuld immer nur dann entstehen, wenn die **Ursache** bzw. der **Grund** für die Verpflichtung **bereits zum Bilanzstichtag vorliegt**. Dies kann sich aufgrund gesetzlicher, rechtlicher, faktischer oder wirtschaftlicher Verpflichtungen ergeben (F. 60), wie bspw. bei Kulanz.

Künftige potenzielle Verpflichtungen, die sich aus möglichen Absichtserklärungen der Geschäftsleitung ergeben und am Bilanzstichtag noch nicht verursacht sind, erfüllen **nicht** das Merkmal der gegenwärtigen Verpflichtung und können infolge dessen auch nicht als Schuld bilanziert werden. Vielmehr muss die **Verpflichtung das Ergebnis von einem in der Vergangenheit liegenden begründeten Ereignis** sein. In der täglichen Bilanzierungspraxis ergeben sich in diesem Punkt insbesondere bei Verträgen keine Probleme, da sich der Zeit-

---

[86] Bspw. IAS 37 für Rückstellungen, IAS 19 für Leistungen an Arbeitnehmer.

punkt ihrer Entstehung idR. problemlos ermitteln lässt. In diesem Zusammenhang ist allerdings zu beachten, dass **schwebende Geschäfte** auch in der IFRS/IAS-Rechnungslegung solange nicht erfasst werden, bis die tatsächliche Lieferung/ Leistung erfolgt (F. 91) oder sich ein drohender Verlust aus dem schwebenden Geschäft abzeichnet.

Als drittes Merkmal bei der Prüfung der abstrakten Bilanzierungsfähigkeit von Schulden ist festzustellen, ob zur Erfüllung der Verpflichtung ein **Abfluss von Ressourcen** erfolgt. Dies kann nach F. 62 erfolgen durch die Zahlung liquider Mittel, die Hingabe von Vermögenswerten, die Erbringung von Dienstleistungen, der Ersatz der Verpflichtung durch eine andere Verpflichtung oder durch die Umwandlung der Verpflichtung in Eigenkapital[87].

Zum letztendlichen Ansatz bzw. Ausweis einer Schuld im IFRS/IAS-Abschluss kommt es aber nur, wenn die Schuld auch die zwei Merkmale der **konkreten** Passivierungsfähigkeit erfüllt (F. 83 und F. 91):
- Die Wahrscheinlichkeit des Nutzenabflusses ist größer als 50 %[88] und
- der Erfüllungsbetrag kann verlässlich ermittelt werden.

Sofern die vorstehenden Merkmale erfüllt sind, ist der Sachverhalt zwingend zu passivieren, sofern kein **Passivierungsverbot** dem entgegensteht bzw. ein Wahlrecht die Passivierung in das Ermessen des bilanzierenden Kaufmanns legt.

Damit kann zusammenfassend festgestellt werden, dass der Begriff der Schulden nach IFRS/IAS nicht mit dem HGB gleichzusetzen ist. Durch die IFRS/IAS-Schuldendefinition werden zwar auch die handelsrechtlichen passiven Rechnungsabgrenzungsposten erfasst, anderseits aber keine Aufwandsrückstellungen, die handelsrechtlich zulässig sind.

In der nachstehenden Abbildung werden die einzelnen Passivierungsmerkmale der abstrakten und konkreten Bilanzierungsfähigkeit zusammenfassend als Prüfschema wiedergegeben.

---

[87] Die Umwandlung einer Schuld in Eigenkapital ist ebenfalls eine (denkbare) Möglichkeit, die zum Erlöschen der Schuld führt. Statt der Bezahlung der Schuld erhält der Gläubiger einen Eigenkapitalanteil. Dies ist in der Praxis gelegentlich bei Sanierungsfällen anzutreffen, ansonsten aber unüblich.

[88] Der Begriff der Wahrscheinlichkeit wird durch IAS 37 prozentual nicht konkretisiert. Nach IAS 37.15 muss für die gegenwärtige Verpflichtung **mehr dafür, als dagegen sprechen**. Nach Ernsting/ von Keitz ergeben sich nach mathematisch-statistischer Überlegung aus Wahrscheinlichkeit und Gegenwahrscheinlichkeit in Summe immer 100%. Da die Eintrittswahrscheinlichkeit für die Verpflichtung größer als die Nichteintrittswahrscheinlichkeit (Gegenwahrscheinlichkeit) sein muss, muss die Eintrittswahrscheinlichkeit (Mindestwahrscheinlichkeit) folglich mehr als 50 % betragen. Vgl. Ernsting/ von Keitz: Bilanzierung von Rückstellungen nach IAS 37 – eine kritische Analyse des neuen Standards sowie ein Vergleich zu IAS 10, DB 1998, S. 2479.

7.1 Schulden

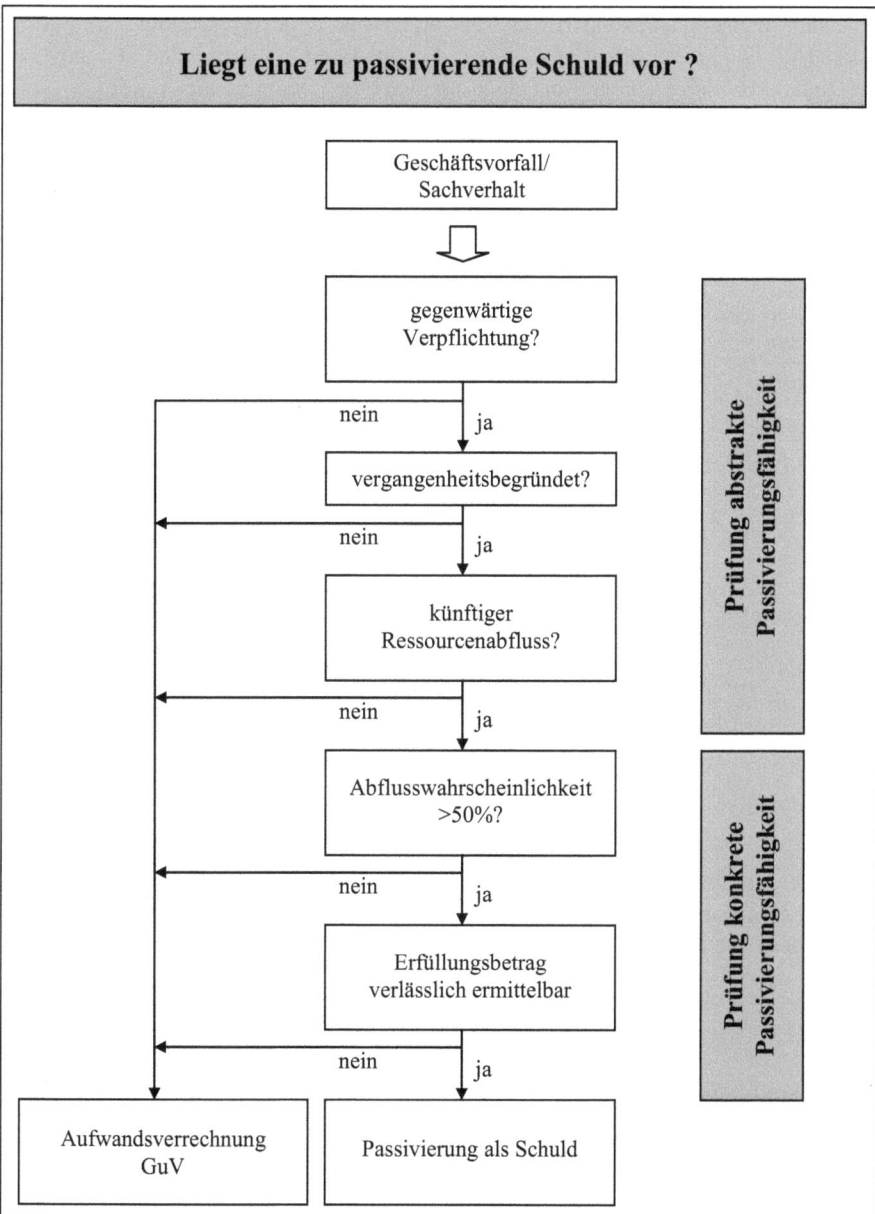

Abb. 7.1: Prüfschema zur Passivierung von Schulden

Handelsrechtlich setzen sich die *Schulden* aus den *Rückstellungen* und *Verbindlichkeiten* zusammen und ergeben unter Hinzuziehung des *passivischen Rechnungsabgrenzungspostens* das *Fremdkapital*. Die IFRS/IAS verwenden zwar auch die Begriffe, sie sind aber nicht in der vorstehenden Weise systematisiert. So stellt alles was keine Rückstellung ist *sonstige Schulden* dar (IAS 37.11). *Sonstige Schulden* werden wiederum unterschieden in *abgegrenzte Schulden* und *Verbindlichkeiten*. Aber auch die Verbindlichkeiten selber werden – dem Handelsrecht fremd – weiter unterschieden in *finanzielle Verbindlichkeiten* und *sonstige Verbindlichkeiten*. Nachstehende Abbildung fasst die Unterscheidungen grafisch zusammen.

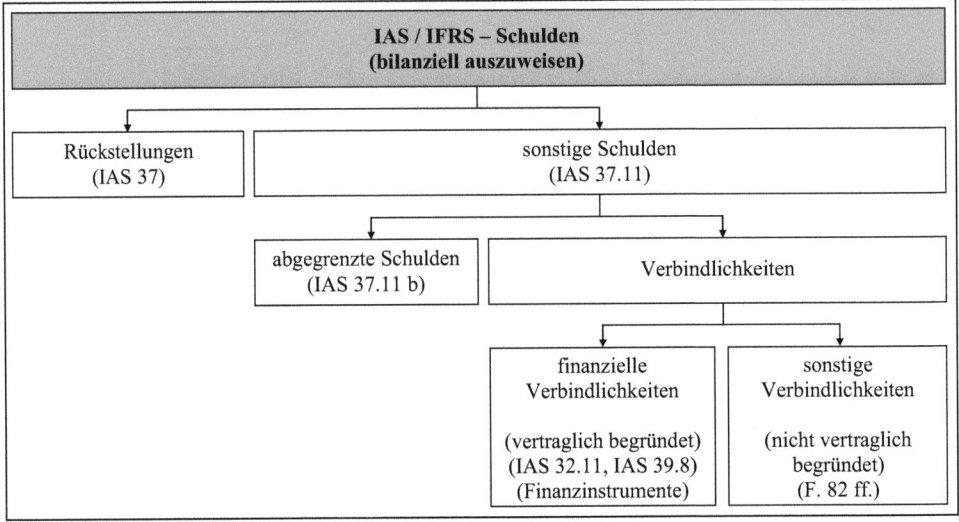

Abb. 7.2: Systematisierung der IFRS/IAS-Schulden

Nachfolgend werden nun die Rückstellungen, Verbindlichkeiten, abgegrenzte Schulden, Leistungen an Arbeitnehmer, Altersversorgung und Eventualverbindlichkeiten erläutert, bevor dann auf das Eigenkapital eingegangen wird.

7.1.1 Rückstellungen

Rückstellungen sind Schulden, die bezüglich ihrer **Fälligkeit** oder **Höhe** nach **ungewiss** sind (IAS 37.10).

Ihre Passivierung (Ansatz) darf in der IFRS/IAS-Bilanz nach IAS 37.14 ff. aber nur dann erfolgen, wenn kumulativ alle drei nachfolgenden Merkmale erfüllt sind:
1. Das Unternehmen hat aus einem **vergangenen Ereignis** eine **gegenwärtige Verpflichtung** und
2. der **Abfluss von Ressourcen mit wirtschaftlichem Nutzen** zur Erfüllung dieser Verpflichtung ist wahrscheinlich und
3. die **Höhe der Verpflichtung kann verlässlich geschätzt** werden.

Klassische Rückstellungsfälle in der Praxis sind beispielsweise Rückstellungen für Abfindungen, Altersteilzeit, Aufsichtsratsvergütungen, ausstehende Rechnungen, drohende Verluste aus schwebenden Geschäften, Berufsgenossenschaftsbeiträge, Boni- und Rabatte, Entsorgungs-/ Wiederherstellungsverpflichtungen, Garantie-/ Gewährleistungsverpflichtungen, Kulanz, Jahresabschlusskosten, Jubiläumsverpflichtungen, Pensionsverpflichtungen, Rechtsstreitigkeiten, Rekultivierungen, Restrukturierungen, Rückbauverpflichtungen, Steuerschulden, Tantiemen/ Prämien oder Urlaubsgelder.

Die Bemessung der Höhe des Rückstellungsbetrages (**Bewertung**) soll nach IAS 37.36 den Betrag widerspiegeln, der zur Erfüllung der gegenwärtigen Verpflichtung zum Bilanzstichtag nach bestmöglicher Schätzung erforderlich ist. Insofern sind auch zukünftige Ereignisse, soweit sie objektiv mit ausreichender Sicherheit eintreten, zu berücksichtigen (IAS 37.48).[89] Die Schätzung obliegt grundsätzlich dem Management, sofern nicht unabhängige Sachverständigengutachten erforderlich sind (IAS 37.38). Die Rückstellungen sind zu jedem Bilanzstichtag zu überprüfen und ggf. anzupassen, damit sie die bestmögliche Schätzung widerspiegeln (IAS 37.59).

Rückstellungen dürfen nur **aufgelöst** werden,
- wenn der Grund ihrer Bildung eingetreten ist (IAS 37.61) oder
- wenn nicht mehr wahrscheinlich ist, dass mit der Erfüllung der Verpflichtung ein Abfluss von Ressourcen mit wirtschaftlichem Nutzen verbunden sein wird (IAS 37.59).

Die Rückstellungen müssen in einem **eigenständigen Bilanzposten** (IAS 1.69), getrennt in **langfristige** und **kurzfristige**, ausgewiesen werden, die aber ggf. weiter zu untergliedern sind. Dies bestimmt sich nach Art, Größe und Fristigkeit der einzelnen Rückstellungen bzw. der Rückstellungsgruppen. Es sei verwiesen auf IAS 1.74 iVm. IAS 1.72c und IAS 37.87.

Hinsichtlich der **Anhangangaben** zu den Rückstellungen hat die bilanzierende Unternehmung eine ganze Reihe von Informationen zu liefern, insbesondere die Entwicklung der einzelnen Rückstellungsarten im Geschäftsjahr offenzulegen. Hierbei ist darzustellen:[90]
- Stand zu Beginn der Periode
- Zuführungen zu den Rückstellungen
- Inanspruchnahmen der Rückstellungen
- Auflösungen der Rückstellungen
- sofern Zinsanteile in den Rückstellungen enthalten sind, Änderungen des Rückstellungsbetrages aufgrund von Zinsänderungen
- Stand zum Ende der Periode

Zweckmäßigerweise sollte die Darstellung in einem **Rückstellungsspiegel** erfolgen.

---

[89] Bspw. Preisänderungen, Gesetzesänderungen, Wechselkursänderungen, Technologiewechsel usw., soweit sie Einfluss auf den Verpflichtungsbetrag ausüben.

[90] Es wird verwiesen auf IAS 37.84 – IAS 37.85.

7.1.2 Verbindlichkeiten

Verbindlichkeiten werden in der IFRS/IAS-Rechnungslegung unterschieden in
- finanzielle Verbindlichkeiten[91] und
- sonstige Verbindlichkeiten.

Die Verbindlichkeiten unterscheiden sich im Vergleich zu den Rückstellungen dadurch, dass die Höhe ihres Erfüllungsbetrages und ihr Fälligkeitszeitpunkt feststehen.

7.1.2.1 Finanzielle Verbindlichkeiten

Finanzielle Verbindlichkeiten begründen sich zwingend auf **vertraglichen Vereinbarungen** über die Zahlung von liquiden Mitteln oder der Erbringung anderer finanzieller Vermögenswerte an einen Dritten (IAS 39.8 iVm. IAS 32.11).

Sofern der Anspruch bzw. die Verpflichtung nicht vertraglich begründet ist, liegt **keine** finanzielle Verbindlichkeit vor. So führen bspw. Gewährleistungsverpflichtungen, Schadensersatzverpflichtungen oder öffentliche Abgaben und Steuerschulden zu keiner finanziellen Verbindlichkeit, da diese Verpflichtungen **aufgrund gesetzlicher und nicht vertraglicher Verpflichtungen** erbracht werden müssen. Sie stellen *sonstige Verbindlichkeiten* dar, die im nächsten Gliederungspunkt behandelt werden.

Damit umfassen die finanziellen Verbindlichkeiten grundsätzlich – bis auf die Verbindlichkeiten aus Steuern und Sozialversicherung – auch alle Verbindlichkeiten des handelsrechtlichen Gliederungsschemas (§ 266 Abs. 3 Buchst. C HGB), wie bspw. die Verbindlichkeiten aus Lieferungen und Leistungen.

Nach IAS 39.14 ist eine finanzielle Verbindlichkeit erst dann in der Bilanz anzusetzen, wenn das Unternehmen Vertragspartei geworden ist. Insofern sind das Vorhandensein eines Vertrages und die sich daraus ergebenden vertraglichen Verpflichtungen grundlegende Voraussetzungen für den Bilanzansatz. Die Einbuchung bzw. Bilanzierung der finanziellen Verbindlichkeit erfolgt aber erst dann, wenn der Vertragspartner die vereinbarte Leistung an das bilanzierende Unternehmen erbracht hat und hierdurch kein schwebendes, sich ausgleichendes Geschäft mehr vorliegt. Hieraus ergibt sich für die bilanzierende Unternehmung dann die Verpflichtung zum Ausgleich (Bezahlung) der erhaltenen Leistung (IAS 39.14 iVm. IAS 39 AG 35), was sich dann in der Passivierung dokumentiert.

Finanzielle Verbindlichkeiten sind im Rahmen der **Zugangsbewertung** mit dem **beizulegenden Zeitwert** zu bewerten (IAS 39.43). In Abhängigkeit des zu Grunde liegenden Vertrags ergeben sich daraus folgende Werte:
- Kreditaufnahme: erhaltener Geldbetrag
- Kauf: erhaltener Gegenwert/ -leistung gemäß Rechnungs- oder Vertragspreis

---

[91] Die *finanziellen Verbindlichkeiten* werden in der IFRS/IAS-Rechnungslegung mit unter die *Finanzinstrumente* gefasst bzw. als solche bezeichnet (IAS 39.8 iVm. IAS 32.11).

7.1 Schulden

Bei der **Folgebewertung** hat das Unternehmen alle finanziellen Verbindlichkeiten unter Anwendung der Effektivzinsmethode[92] mit den fortgeführten Anschaffungskosten zu bewerten (IAS 39.47). Grundsätzlich stellen die fortgeführten Anschaffungskosten die historischen Anschaffungskosten abzüglich bereits erfolgter Tilgungen dar.

Besonderheiten bei der **Zugangs- und Folgebewertung** bestehen bei Fremdwährungsverbindlichkeiten und Kreditgewährungen, bei denen ein Abgeld (Disagio/ Damnum) vereinbart ist:

Fremdwährungsverbindlichkeiten sind zum Zeitpunkt ihres Entstehens mit dem **Geldkurs** umzurechnen und einzubuchen. Sofern sich an den nachfolgenden Bilanzstichtagen nicht realisierte Kursgewinne oder -verluste aufgrund von Kursschwankungen ergeben, sind sie erfolgswirksam zu erfassen (IAS 21.21 ff.)

Sofern bei einer finanziellen Verbindlichkeit ein **Disagio/ Damnum** vereinbart ist, erfolgt die erstmalige Bewertung der Schuld nur in Höhe des aktuellen beizulegenden Zeitwertes. Das heißt, dass nicht der Erfüllungs- bzw. Rückzahlungsbetrag zum Ansatz kommt, sondern (nur) der (erhaltene) Auszahlungsbetrag passiviert wird. Im Rahmen der Folgebewertung ist dann allerdings eine sukzessive erfolgswirksame Aufzinsung (Effektivzinsmethode[93]) der Verbindlichkeit über die Laufzeit erforderlich (IAS 39.56). Insofern entspricht der Buchwert der Verbindlichkeit bei Fälligkeit dann dem Erfüllungs- bzw. Rückzahlungsbetrag der Verpflichtung.

Nach IAS 1.51 ff. sind die Verbindlichkeiten beim **Bilanzausweis** in **kurz- und langfristige** zu unterscheiden.

Kurzfristige Verbindlichkeiten sind Verbindlichkeiten, die **innerhalb von 12 Monaten** nach dem Bilanzstichtag fällig sind. Alle anderen Verbindlichkeiten gelten als **langfristig**. Die handelsrechtliche Differenzierung in kurz- (bis 1 Jahr), mittel- (1-5 Jahre) und langfristige (über 5 Jahre) Verbindlichkeiten wird im IFRS/IAS-Abschluss nicht vorgenommen. Ebenso ist eine dem handelsrechtlichen Gliederungsschema für Verbindlichkeiten nach § 266 Abs. 3 HGB vergleichbare Gliederung nicht vorgesehen[94], wenngleich das bilanzierende Unternehmen nach IAS 1.74 iVm. IAS 1.72 eine angemessene weitere Untergliederung in Bilanz oder Anhang vorzunehmen hat.

Besonderheiten beim Ausweis ergeben sich insbesondere bei den **Verbindlichkeiten aus Lieferungen und Leistungen** sowie bei den **Rückstellungen für personalbezogene Aufwendungen**. Nach IAS 1.61 bilden sie einen Teil des kurzfristigen Betriebskapitals, das im normalen Geschäftszyklus der Unternehmung benötigt wird. Sie werden daher **immer als kurzfristige Schulden** eingestuft, selbst wenn sie später als 12 Monate nach dem Bilanzstichtag fällig sind.

---

[92] Vgl. IAS 39.9.
[93] Vgl. IAS 39.9.
[94] Vgl. IAS 1.68, durch den (nur) der gesonderte Ausweis für Verbindlichkeiten aus Lieferungen und Leistungen, Steuerverbindlichkeiten und den dann verbleibenden finanziellen Verbindlichkeiten gefordert wird.

7.1.2.2 Sonstige Verbindlichkeiten

Alle Verbindlichkeiten, die **nicht auf vertraglichen Grundlagen** basieren, stellen *sonstige Verbindlichkeiten* dar. Damit ergeben sie sich als Residualgröße gegenüber den im vorherigen Gliederungspunkt behandelten *finanziellen Verbindlichkeiten*: All diese Verbindlichkeiten, die keine *finanziellen Verbindlichkeiten* sind, sind demzufolge *sonstige Verbindlichkeiten*.

Da die *sonstigen Verbindlichkeiten* **keine Finanzinstrumente** darstellen, fallen sie nicht unter IAS 32 und IAS 39. Sie werden auch durch keinen anderen Einzelstandard geregelt. Folglich sind die *sonstigen Verbindlichkeiten* nach den allgemeinen Grundsätzen des Rahmenkonzepts (Framework) über die Bilanzierung und Bewertung von Schulden zu behandeln (F. 82 iVm. IAS 1). Hiernach liegen *sonstige Verbindlichkeiten* vor, wenn die **Wahrscheinlichkeit des Abflusses von Ressourcen** gegeben ist und der **Erfüllungsbetrages bestimmbar** ist (F. 82 ff. iVm. F. 91).

Die *sonstigen Verbindlichkeiten* werden mit dem **Erfüllungsbetrag**[95] (F. 100c) oder mit dem **Barwert**[96] des zukünftigen Nettomittelabflusses bewertet (F. 100d).

Hinsichtlich des Bilanzausweises wird auf die Ausführungen des vorhergehenden Gliederungspunktes 7.1.2.1 verwiesen.

7.1.3 Abgegrenzte Schulden

Die *abgegrenzten Schulden* (accrual) fallen unter die *sonstigen Schulden* und stellen Schulden gegenüber einem Lieferanten oder Dienstleister dar, der eine Leistung an die zu bilanzierende Unternehmung erbracht hat, die bislang aber durch ihn weder in Rechnung gestellt noch formal vereinbart wurde. Hierunter sollen auch an Mitarbeiter geschuldete Beträge fallen, bspw. Urlaubsgelder (IAS 37.11 (b)).

Nach handelsrechtlichem Verständnis wären für diese Sachverhalte Rückstellungen zu bilden und bilanziell auch so auszuweisen, da aufgrund der Unbestimmtheit der Höhe der Beträge und/ oder der Fälligkeiten die Voraussetzungen für den Ansatz von Verbindlichkeiten nicht gegeben sind.

In der IFRS/IAS-Bilanz hingegen sind abgegrenzte Schulden nicht als *Rückstellungen*, sondern unter den *sonstigen Schulden* auszuweisen. Obwohl zur jeweiligen Bestimmung der Höhe und/ oder der Fälligkeit Schätzungen/ Mutmaßungen erforderlich sind, ist die Unsicherheit im Allgemeinen deutlich geringer als bei „klassischen[97]" Rückstellungsfällen. Denn der Leistungsaustausch hat bereits stattgefunden und der zukünftige Ressourcenabfluss ist so gut wie sicher (IAS 37.11 (b)).

---

[95] Vgl. Gliederungspunkt 3.2.2.
[96] Vgl. Gliederungspunkt 3.2.3.
[97] Bspw. für Prozessrisiken, Pensionen, Boni und Rabatte, Garantie- und Kulanzfälle usw.

7.1.4 Leistungen an Arbeitnehmer, Altersversorgung

Durch IAS 19 werden sämtliche Leistungen geregelt, die ein Unternehmen ihren Arbeitnehmern im Austausch für die erbrachten Leistungen gewährt. Dies erfolgt differenzierter und umfassender als im Handelsrecht, weshalb hierauf besonders eingegangen werden soll.

Durch IAS 19 werden vier Kategorien von Leistungen unterschieden, die jeweils in den nachfolgenden Gliederungspunkten behandelt werden:
1. Kurzfristig fällige Leistungen an Arbeitnehmer.
2. Leistungen nach Beendigung des Arbeitsverhältnisses.
3. Andere langfristig fällige Leistungen an Arbeitnehmer.
4. Leistungen aus Anlass der Beendigung des Arbeitsverhältnisses.

7.1.4.1 Kurzfristig fällige Leistungen an Arbeitnehmer

Kurzfristig fällige Leistungen sind Leistungen des Unternehmens an Arbeitnehmer (außer den Leistungen aus Anlass der Beendigung des Arbeitsverhältnisse), die innerhalb von zwölf Monaten nach Ende der Berichtsperiode fällig sind, in der die entsprechenden Arbeitsleistungen erbracht wurden (IAS 19.7). Sie werden in der Bilanz unter den kurzfristigen (finanziellen) Verbindlichkeiten ausgewiesen.

Langfristige Leistungen sind solche, die erst nach mindestens zwölf Monaten nach Ende der Berichtsperiode fällig sind.

Zu den kurzfristig fälligen Leistungen gehören insbesondere Löhne, Gehälter und Sozialversicherungsbeiträge, Urlaubsgelder, Lohnfortzahlungen im Krankheitsfall, Gewinn- und Erfolgsbeteiligungen (bspw. Tantiemen), geldwerte (nicht-monetäre) Leistungen (bspw. medizinische Versorgungen, Unterbringungen, Dienstwagen sowie kostenlose oder vergünstigte Waren- oder Dienstleistungsabgaben; IAS 19.8).

Die Bewertung der kurzfristig fälligen Leistungen erfolgt zum **Erfüllungsbetrag**, d.h. mit dem Nominalwert, bei dem zum einen keine versicherungsmathematischen Annahmen hinsichtlich der Zahlungswahrscheinlichkeit berücksichtigt werden und zum anderen keine Diskontierung erfolgt.

Hinsichtlich der anzugebenden **Anhangangaben** enthält IAS 19.23 keine besonderen Angabepflichten in Bezug auf die kurzfristigen fälligen Leistungen an Arbeitnehmer.

7.1.4.2 Leistungen nach Beendigung des Arbeitsverhältnisses

Sofern der Arbeitgeber nach Beendigung des Arbeitsverhältnisses Leistungen an den Arbeitnehmer gewährt (Renten, sonstige Altersversorgungsleistungen, Lebensversicherungen), sind sie als *Rückstellungen für Pension und ähnliche Verpflichtungen* auszuweisen. Dies aber nur, wenn das Unternehmen die Leistungen an den Arbeitnehmer **selber wirtschaftlich trägt**, weil keine (versicherungstechnische) Rückdeckung durch einen Dritten (bspw. Pensionsfond, Rückdeckungsversicherung) vorhanden ist. Derartige Zusagen bzw. abgeschlossene Pensionspläne werden als **leistungsorientiert** bezeichnet (IAS 19.4 iVm. IAS 19.24).

Leistungsorientierte Pensionspläne sind dadurch gekennzeichnet, dass die Unternehmen keine Ansprüche gegenüber Dritten auf Refinanzierung der Pensionszahlungen haben (IAS 19.27). Die pensionsgewährende Unternehmung hat deshalb die (später) zu zahlenden Pensionsleistungen selbst anzusammeln, eben in Form der Rückstellungen für Pensionen und ähnliche Verpflichtungen. Die Ermittlung der jeweiligen jährlichen Zuführungsbeträge bzw. die Bewertung der Pensionsrückstellungen sind sehr komplex, weil versicherungsmathematische Annahmen und versicherungsmathematische Gewinne und Verluste[98] auftreten können, die entsprechend zu berücksichtigen sind. Hierauf soll an dieser Stelle nicht weiter eingegangen werden. Es wird verwiesen auf IAS 19.48 – IAS 19.125.

Bei leistungsorientierten Pensionsplänen sind eine ganze Reihe von **Anhangangaben** zu geben. Vergleiche im Einzelnen IAS 19.120.

Der zweite Grundtyp der betrieblichen Altersversorgung, neben der leistungsorientierten, ist der **beitragsorientierte Pensionsplan**. Hierbei handelt es sich um solche Pensionszusagen, bei denen das Unternehmen festgelegte Beträge an eine fremde eigenständige Einrichtung (Pensionsfond, Versicherungsgesellschaft usw.) zahlt. Das die betriebliche Altersversorgung gewährende Unternehmen begrenzt hierbei seine Verpflichtung gegenüber dem Arbeitnehmer auf die vereinbarten Beiträge, die sie an die fremde eigenständige Einrichtung aufgrund der abgeschlossenen Verträge zu zahlen hat.

Die Höhe der künftigen Leistungen, die der Arbeitnehmer erhält, hängen zum einen von der Höhe der gezahlten Beiträge und zum anderen von der Höhe der erwirtschafteten Erträge aus der Anlage dieser Beiträge ab. Der Arbeitnehmer trägt damit das versicherungsmathematische Risiko und das Kapitalanlagerisiko, da die Möglichkeit besteht, dass er später nicht die volle Höhe der ihm zugesagten Leistungen erhält. Insofern trägt beim beitragsorientierten Plan – im Gegensatz zum leistungsorientierten – das Anlagerisiko und das versicherungsmathematische Risiko nicht das pensionszusagende Unternehmen, was auf Ausweis und Bewertung der Pensionspläne ausstrahlt.

Die Bilanzierung und Bewertung **beitragsorientierter Pensionspläne** ist im Gegensatz zu leistungsorientierten erheblich einfacher: Die von der Unternehmung an die Pensions- bzw. Direktversicherung geleisteten Beitragszahlungen sind als **laufender Personalaufwand** erfolgswirksam zu verbuchen. Insofern sind auch keine versicherungsmathematischen Annahmen zu treffen bzw. versicherungsmathematische Gewinne oder Verluste zu berücksichtigen. Sofern die an die Pensionskassen oder Direktversicherungen zu erbringenden Beitragsleistungen noch nicht aus dem Unternehmen abgeflossen sind, müssen sie als kurzfristige Verbindlichkeiten ausgewiesen werden (IAS 19.44).

---

[98] Versicherungsmathematische Gewinne und Verluste entstehen, wenn sich die Realität von den zuvor getroffenen versicherungsmathematischen Annahmen abweichend entwickelt. Beispielsweise übersteigen die tatsächlichen Todesfälle die nach der Sterbetafel erwarteten, wodurch weniger Alters- und Invalidenleistungen anfallen als bisher kalkuliert. In diesem Fall wäre ein versicherungsmathematischer Gewinn entstanden. Ebenso wäre aber auch ein versicherungsmathematischer Verlust denkbar, wenn auf Grund der Ausgestaltung der Leistungszusagen höhere Todesfallleistungen anfallen als bislang kalkuliert.

Nach IAS 19.46 ist der als Aufwand für einen beitragsorientierten Versorgungsplan erfasste Betrag gesondert im Abschluss des Unternehmens anzugeben, ggf. im Anhang.

7.1.4.3 Andere langfristig fällige Leistungen an Arbeitnehmer

Nach IAS 19.126 fallen unter die langfristig fälligen Leistungen an Arbeitnehmer insbesondere
- langfristig fällige vergütete Abwesenheitszeiten, wie Sonderurlaub nach langjährigen Dienstzeiten oder andere vergütete Dienstfreistellungen,
- Jubiläumsgelder oder andere Leistungen für langjährige Dienstzeiten,
- langfristige Erwerbsunfähigkeitsleistungen,
- Gewinn- oder Erfolgsbeteiligungen, die zwölf Monate oder mehr Monate nach Ende des Geschäftsjahres, in dem die entsprechende Arbeitsleistung erbracht wurde, fällig sind oder
- aufgeschobene Vergütungen, sofern diese zwölf oder mehr Monate nach Ende des Geschäftsjahres, in denen sie erdient wurden, ausgezahlt werden.

Die Bewertung dieser Leistungen unterliegt gewöhnlich nicht den gleichen Unsicherheiten, wie dies bei den Leistungen nach Beendigung des Arbeitsverhältnisses (Pensionen) der Fall ist. Von daher gilt für langfristig fällige Leistungen eine vereinfachte Bilanzierungsmethode. Dennoch soll auf die Bewertung nicht eingehender eingegangen werden, es wird auf IAS 19.128 – IAS 19.130 verwiesen. Ausgewiesen werden die langfristig fälligen Leistungen an Arbeitnehmer unter den langfristigen (finanziellen) Verbindlichkeiten bzw. sonstigen (langfristigen) Rückstellungen.

Im Zusammenhang mit anderen langfristigen Leistungen hat das Unternehmen keine besonderen **Anhangangaben** zu machen, außer wenn der mit diesen Leistungen verbundene Aufwand wesentlich ist und damit Einfluss auf die Darstellung des Abschlusses nimmt (IAS 19.131).

7.1.4.4 Leistungen aus Anlass der Beendigung des Arbeitsverhältnisses

Die Leistungen aus Anlass der Beendigung des Arbeitsverhältnisses begründen sich nicht durch die vom Arbeitnehmer geleistete Arbeit, sondern (nur) durch die Auflösung des Arbeitsverhältnisses.

Da dem Unternehmen aus den Leistungen aus Anlass der Beendigung des Arbeitsverhältnisses kein künftiger wirtschaftlicher Nutzen mehr zukommt, werden sie sofort als **Aufwand** erfasst (IAS. 19.137).

Sollte die Leistung aus Anlass der Beendigung des Arbeitsverhältnisses mehr als zwölf Monate nach dem Bilanzstichtag fällig sein, ist sie nach IAS 19.139 abzuzinsen. Der Diskontierungssatz (Zinssatz) ist entsprechend der Laufzeit der Verpflichtung auf der Grundlage von Renditen zu bestimmen, die am Bilanzstichtag für erstrangige festverzinsliche Industrieanleihen erzielt werden (IAS 19.78). Die vom Unternehmen zu erbringenden Leistungen sind dann im Abschluss als *sonstige Rückstellungen* auszuweisen.

Mit nachfolgender Grafik werden die Ausführungen über die Leistungen an Arbeitnehmer zusammenfassend dargestellt.

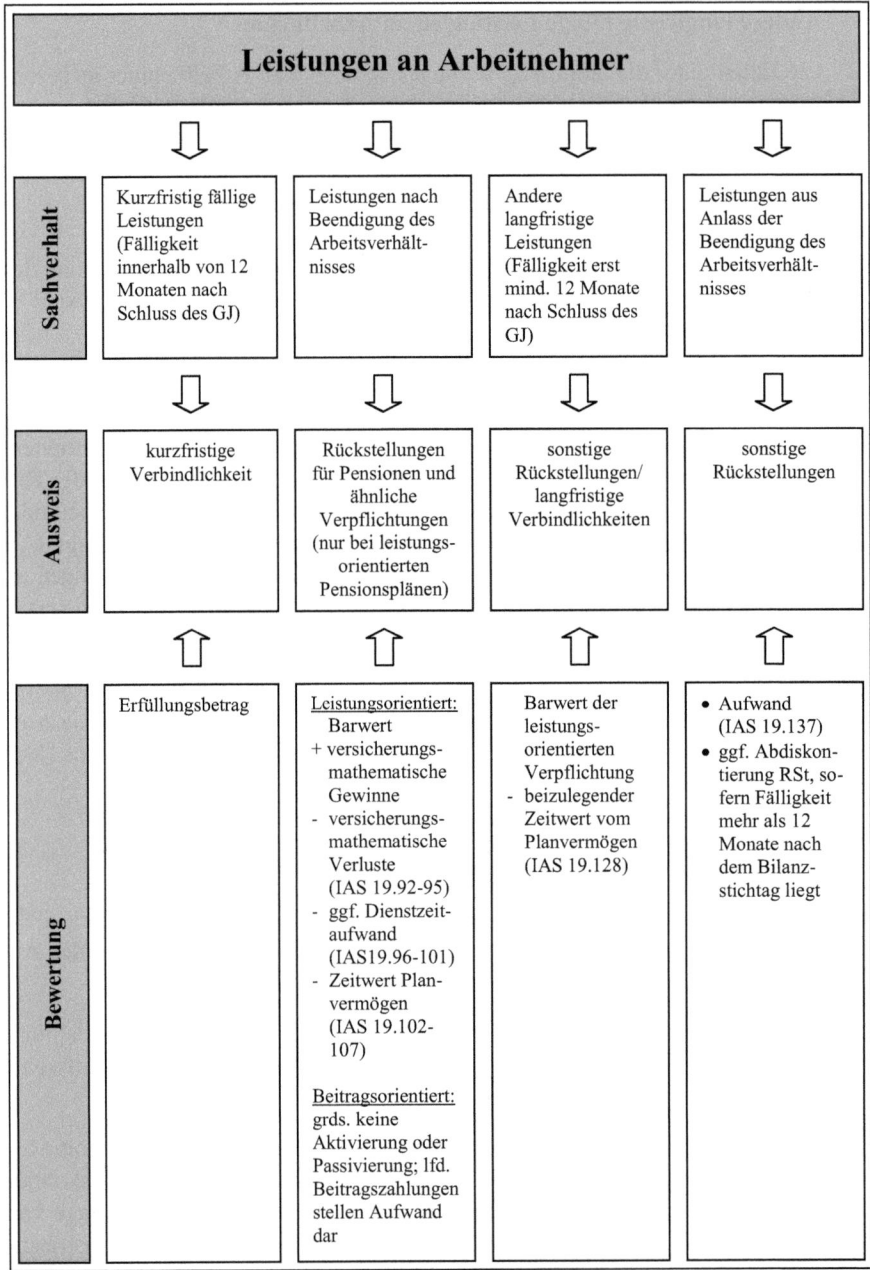

Abb. 7.3: Systematisierung, Ausweis und Bewertung der Leistungen an Arbeitnehmer

7.1.5 Eventualschulden

Eventualschulden zeichnen sich dadurch aus, dass sie erheblich unsicherer als Rückstellungen sind. Sie werden durch IAS 37.10 wie folgt definiert:
- Eine mögliche Verpflichtung, die aus vergangenen Ereignissen resultiert und deren Existenz durch das Eintreten oder Nichteintreten eines oder mehrerer unsicherer künftiger Ereignisse erst noch bestätigt wird, die nicht vollständig unter der Kontrolle des Unternehmens stehen oder
- eine gegenwärtige Verpflichtung, die auf vergangenen Ereignissen beruht, jedoch nicht erfasst wird, weil:
  - ein Abfluss von Ressourcen mit wirtschaftlichem Nutzen zur Erfüllung dieser Verpflichtung nicht wahrscheinlich ist, oder
  - die Höhe der Verpflichtung nicht ausreichend verlässlich geschätzt werden kann.

Sofern die Passivierungskriterien für den Ansatz der Rückstellungen nicht erfüllt sind, ist immer zu prüfen, ob Eventualschulden vorliegen. Sofern sie vorliegen, werden sie **nicht bilanziert** (IAS 37.27). Jedoch muss gegebenenfalls im **Anhang** über sie berichtet werden (IAS 37.28).

Unter die Eventualschulden fallen auch die handelsrechtlichen Haftungsverhältnisse nach § 251 HGB.

Beispiele für Eventualschulden sind Bürgschaften, Wechselobligo, Haftungsverhältnisse, Gewährleistungsverträge, Rechtsverfahren, bei denen eine Inanspruchnahme/ Verurteilung unwahrscheinlich ist.

Zusammenfassung Schulden

Nachstehende Grafik zeigt die aus der Wahrscheinlichkeit der Leistungsverpflichtung resultierenden Bilanzierungs- bzw. Angabepflichten der Unternehmung.

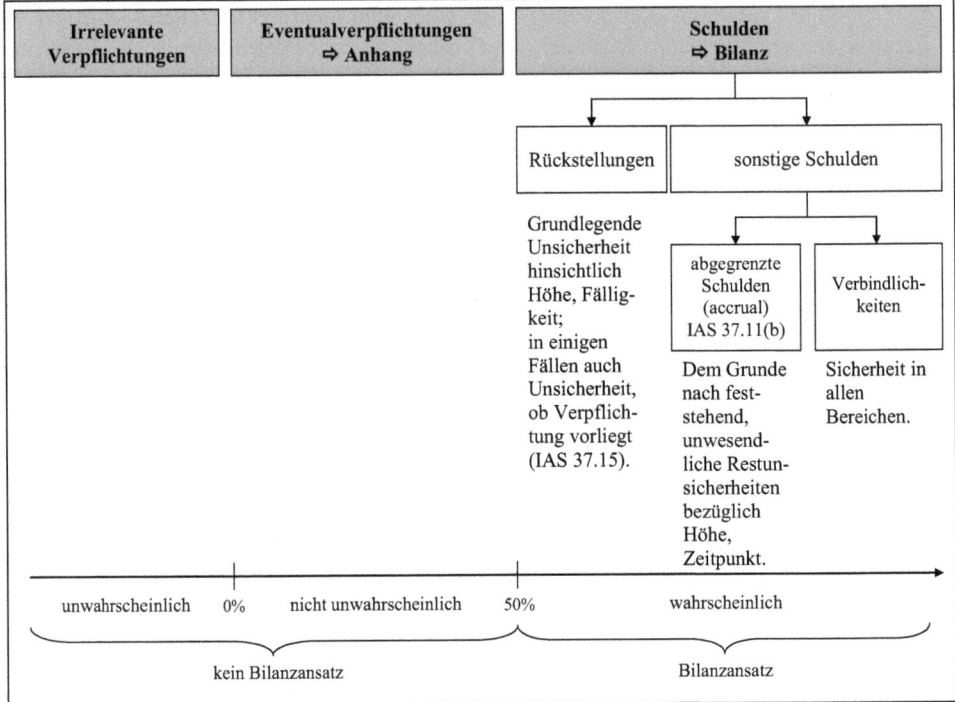

Abb. 7.4: Die Folgen der Leistungswahrscheinlichkeit im Abschluss

Quelle in Anlehnung an: Heizmann, Gerold: Einführung in die IFRS/IAS-Rechnungslegung – Zielsetzung, Anwendungsbereich und Konzeption, Beilage 1/2005, Steuer & Studium, S. 23

7.2 Eigenkapital

Unabhängig von der unternehmerischen Rechtsform ergibt sich das Eigenkapital (Equity) nach F. 49(c) als **Residualgröße** aus der Differenz sämtlicher Vermögenswerte abzüglich Schulden.

Diese Definition des Eigenkapitals gilt sowohl für Kapitalgesellschaften als auch für andere Rechtsformen, wie bspw. Personengesellschaften (F. 68) und Einzelunternehmer.

Die IFRS/IAS-Regelungen stellen bei der Klassifizierung von Eigenkapital bzw. Schulden auf die **Rückzahlungspflicht** ab. Sofern sie vorliegt, handelt es sich um Schulden, andern-

7.2 Eigenkapital

falls (und nur dann) um Eigenkapital. Insofern setzt sich das Eigenkapital grundsätzlich aus den Einlagen der Gesellschafter und den thesaurierten Gewinnen (F. 65 ff.) zusammen.

Das Handelsrecht hingegen stellt bei der Qualifizierung von Eigenkapital auf die **Haftung** des zur Verfügung gestellten Kapitals ab. Insofern unterscheiden sich hier beide Rechnungslegungsnormen deutlich voneinander. Damit können im IFRS/IAS-Abschluss niemals Kapitalbeträge als Eigenkapital ausgewiesen werden, die im Handelsrecht – unter bestimmten rechtlichen Ausgestaltungen – Eigenkapitalinstrumente[99] darstellen.

Das Eigenkapital wird in keinem eigenen IFRS/IAS-Standard abschließend geregelt. Vielmehr befinden sich zahlreiche Einzelregelungen in verschiedenen Standards sowie des Frameworks (Rahmenkonzept).[100]

Hinsichtlich des **Ausweises** sieht IAS 1.68 (p) vor, dass mindestens das *gezeichnete Kapital* und die *Rücklagen* in der Bilanz gezeigt werden. Nach IAS 1.69 sind aber zusätzliche Posten, Überschriften und Zwischensummen darzustellen, wenn dies für das Verständnis der Finanzlage des Unternehmens von Bedeutung ist. Daneben ist nach IAS 1.96 auch eine Aufstellung der Veränderungen des Eigenkapitals zu geben, sofern die Daten nicht schon aus der **Eigenkapitalveränderungsrechnung**[101] ersichtlich sind.

Die Beibehaltung des handelsrechtlichen Eigenkapital-Gliederungsschemas[102] im IFRS/IAS-Abschluss wird grundsätzlich als zulässig angesehen. Hierbei ist aber zu beachten, dass gehaltene **eigene Anteile** im IFRS/IAS-Abschluss zwingend vom Eigenkapital – im Gegensatz zum Handelsrecht – abzuziehen sind (IAS 32.33 f.).

Das **gezeichnete Kapital**[103] ist unter Beachtung der rechtsformspezifischen Mindestbeträge[104] im Gesellschaftsvertrag festgelegt und wird von den Gesellschaftern in ihrer Gesellschafterfunktion als Einlage erbracht. Hierauf ist dann ihre Haftung für Verbindlichkeiten der Gesellschaft gegenüber Gläubigern beschränkt.[105] Der **Ausweis** bzw. die **Bewertung** des gezeichneten Kapitals erfolgt zum **Nennwert**.

Ausstehende Einlagen auf das gezeichnete Kapital werden durch die IFRS/IAS nicht geregelt. Es wird aber als sachgerecht angesehen, dass eingeforderte ausstehende Einlagen unter den kurzfristigen Forderungen ausgewiesen werden. Bei denen noch nicht eingeforderten

---

[99] Bspw. Genussrechtskapital, Beteiligungen stiller Gesellschafter.

[100] Siehe IAS 1, IAS 19, IAS 32, IAS 39, F. 65 ff.

[101] Vgl. Gliederungspunkt 9.

[102] Vgl. § 266 Abs. 3 HGB.

[103] Das gezeichnete Kapital ist bei Aktiengesellschaften das Grundkapital und bei GmbHs das Stammkapital.

[104] Das gezeichnete (Mindest-) Kapital bei der Aktiengesellschaft beträgt 50.000 € (§ 7 AktG); das (Mindest-) Stammkapital bei der GmbH 25.000 € (§ 5 Abs. 1 GmbHG).

[105] Hinweis: Es handelt sich hierbei nicht um die Haftung der Gesellschaft gegenüber ihren Gläubigern, sondern um die Haftung der einzelnen Gesellschafter. Ihre Haftung ist auf die Höhe ihrer zu erbringenden Einlagen beschränkt. Die Gesellschaft als solche hingegen haftet mit ihren gesamten Vermögenswerten, unabhängig davon, ob sie aufgrund der Bilanzierungsvorschriften auf der Aktivseite der Bilanz ausgewiesen sind oder nicht.

ausstehenden Einlagen wird in Abhängigkeit der Unternehmensrechtsform wie folgt differenziert:[106]

- **AG/ KGaA**: Da der Vorstand über die Einforderung der ausstehenden Einlagen entscheidet (§ 63 Abs. 1 AktG), liegt ein bilanzierungsfähiger Vermögenswert vor, der als solcher auszuweisen ist.
- **GmbH**: Das Recht zur Einforderung der ausstehenden Einlagen liegt grundsätzlich bei den Gesellschaftern (§ 46 Nr. 2 GmbHG). Deshalb wird angenommen, dass es sich insoweit nicht um eine Ressource handelt, über die das Unternehmen verfügen kann. Folglich liegt kein bilanzierungsfähiger Vermögenswert vor. Insofern sind die noch nicht eingeforderten ausstehenden Einlagen offen vom Posten *gezeichnetes Kapital* abzusetzen.

Wie zuvor ausgeführt, sollen neben dem gezeichneten Kapital auch die Rücklagen als Mindestbestandteile in der IFRS/IAS-Bilanz ausgewiesen werden. Eine Differenzierung der Rücklagen, wie bspw. im Handelsrecht in Kapitalrücklage und Gewinnrücklagen, erfolgt durch die IFRS/IAS nicht. Gleichwohl muss nach IAS 1.76 (b) eine Beschreibung von Art und Zweck jeder Rücklage des Eigenkapitals entweder in der Bilanz oder im Anhang erfolgen.

Entscheidet sich das bilanzierende Unternehmen das handelsrechtliche Gliederungsschema des Eigenkapitals in den IFRS/IAS-Abschluss zu übernehmen, entsprechen die materiellen Inhalte der einzelnen Posten den handelsrechtlichen Regelungen. Darüber hinaus ist dann das Gliederungsschema um die spezifischen Eigenkapitalposten zu erweitern bzw. anzupassen, die sich durch die Regelungen einzelner IFRS/IAS ergeben. Hierbei handelt es sich um die

- Neubewertungsrücklage[107],
- Rücklage für Marktbewertung[108] und um die
- versicherungsmathematischen Gewinne und Verluste (IAS 19), die mit den freien Gewinnrücklagen zu verrechnen sind.[109]

Bezüglich der **Anhangangaben** zum Eigenkapital wird auf die Ausführungen des Gliederungspunktes 9.5 verwiesen.

---

[106] Vgl. Beck'sches IFRS-Handbuch, 2. Aufl. 2006, S. 328 Rz. 38.

[107] Vgl. bspw. IAS 16.31 bzw. die Ausführungen unter Gliederungspunkt 6.2.2.2.3.

[108] Nach IAS 39.55 (b) sind Gewinne/ Verluste, die sich aus einer Änderung des beizulegenden Zeitwerts von zur Veräußerung verfügbar klassifizierten finanziellen Vermögenswerten (Finanzinstrumenten) ergeben, solange in der Rücklage für Marktbewertung zu erfassen, bis der jeweilige finanzielle Vermögenswert verkauft, eingezogen oder anderweitig ausgeschieden ist.

[109] Durch IAS 19.93B hat das bilanzierende Unternehmen ein Wahlrecht versicherungsmathematische Gewinne/ Verluste aus leistungsorientierten Zusagen an Arbeitnehmer entweder erfolgswirksam in der GuV oder erfolgsneutral mit den freien nicht zweckgebundenen Gewinnrücklagen zu verrechnen.

Fragen und Lösungen

1. Welche Anforderungen muss ein Geschäftsvorfall nach dem Framework erfüllen, damit eine Schuld vorliegt?
   Der Geschäftsvorfall muss folgende drei Merkmale aufweisen (F. 49 (b)): Es muss sich um eine *gegenwärtige Verpflichtung* handeln, die sich aufgrund *vergangener Ereignisse* ergeben hat und deren Erfüllung voraussichtlich zum *Abfluss von wirtschaftlichem Nutzen* verkörpernder Ressourcen führen wird.

2. Wie werden in der IFRS/IAS-Rechnungslegung die Verbindlichkeiten unterschieden?
   In der IFRS/IAS-Rechnungslegung wird zwischen *finanziellen Verbindlichkeiten* und *sonstigen Verbindlichkeiten* unterschieden. *Finanzielle Verbindlichkeiten* begründen sich auf vertraglichen Vereinbarungen im Gegensatz zu den *sonstigen Verbindlichkeiten*, die aufgrund gesetzlicher Verpflichtungen entstehen.

3. Worin bestehen die Unterschiede zwischen Verbindlichkeiten, Rückstellungen und Eventualschulden?
   Verbindlichkeiten sind Schulden, deren Fälligkeit und Höhe bestimmt sind, was bei den Rückstellungen aber noch nicht gegeben ist. Gleichwohl besteht bei den Rückstellungen keine Unsicherheit mehr hinsichtlich der Inanspruchnahme. Die ist wiederum bei den Eventualschulden noch offen.

4. Wie ergibt sich das Eigenkapital?
   Das Eigenkapital ergibt sich unabhängig von der unternehmerischen Rechtsform als Residualgröße aus der Differenz sämtlicher Vermögenswerte abzüglich sämtlicher Schulden.

5. Wie erfolgt die Klassifizierung der Bilanzposten Eigenkapital und Schulden nach den IFRS/IAS-Regelungen?
   Die Klassifizierung von Eigenkapital bzw. Schulden erfolgt an Hand der Rückzahlungsverpflichtung. Sofern eine Rückzahlungsverpflichtung vorliegt, handelt es sich um Schulden, andernfalls um Eigenkapital. Damit kann sich das Eigenkapital grundsätzlich nur aus den Einlagen der Gesellschafter und thesaurierten Gewinnen ergeben.

8 Gewinn- und Verlustrechnung

Die Gewinn- und Verlustrechnung ist **Pflichtbestandteil** eines IFRS/IAS-Abschlusses und dient der Ermittlung des **Periodenergebnisses**.

Sie kann entweder nach **Aufwandsarten** (wie beim handelsrechtlichen Gesamtkostenverfahren) oder nach **Funktionen** (Umsatzkostenverfahren) gegliedert werden.[110] Beide Verfahren sind gleichwertig und führen zu einem identischen Periodenergebnis.

Das Periodenergebnis ist der Saldo aus **Erträgen** (income) und **Aufwendungen** (expenses).

Nach IAS 18.7 wird ein **Ertrag** wie folgt definiert:
Ertrag ist der aus der gewöhnlichen Tätigkeit eines Unternehmens resultierende Bruttozufluss wirtschaftlichen Nutzens[111] während der Berichtsperiode, der zu einer Erhöhung des Eigenkapitals führt, soweit er nicht aus Einlagen der Anteilseigner stammt.

Der Begriff *Ertrag* ist der **Oberbegriff** für die Unterscheidung in
- (Umsatz-)Erlöse (revenues) und
- andere (sonstige betriebliche) Erträge (gains).

Die **Erlöse** fallen im Rahmen der gewöhnlichen Geschäftätigkeit des Unternehmens an, wie bspw. Umsatzerlöse, Dienstleistungsentgelte, Mieten, Dividenden oder Lizenzerträge (F. 74).

Bei den **anderen Erträgen** (gains) handelt es sich um Erträge aus sonstiger Unternehmenstätigkeit, wie sie sich aus der Zuschreibung von Vermögenswerten oder aus Veräußerungsgewinnen aus langfristigen Vermögenswerten ergeben.

Die **Aufwendungen** werden ebenfalls unterschieden und zwar in
- expenses und
- losses.

Die **expenses** (F. 78) erfassen Aufwendungen, die im Rahmen der gewöhnlichen Geschäftstätigkeit des Unternehmens anfallen. Hierzu zählen bspw. die Umsatzkosten, Löhne und Gehälter oder Abschreibungen.

---

[110] Nach IAS 1.88 hat das Unternehmen die Wahlmöglichkeit zwischen den Gesamt- und Umsatzkostenverfahren.

[111] Beträge, die im Interesse Dritter eingezogen werden (Umsatzsteuer oder andere Verkehrssteuern), entfalten keinen wirtschaftlichen Nutzen für das Unternehmen und führen somit auch nicht zu einer Erhöhung des Eigenkapitals. Sie fallen damit nicht unter den Begriff Ertrag.

Losses (F. 79) umfassen andere Aufwendungen, die nicht unter die expenses fallen.

Der Ausweis von **außerordentlichen Aufwendungen und Erträgen** ist im IFRS/IAS-Abschluss **unzulässig** (IAS 1.78 ff.; IAS 1.85).

Sämtliche Aufwendungen und Erträge fallen im IFRS/IAS-Abschluss stets im Rahmen der **gewöhnlichen Geschäftstätigkeit** an, auch solche, die handelsrechtlich als außergewöhnlich eingestuft würden. So fallen bspw. unter die *losses* auch Aufwendungen aus Naturkatastrophen, wie Brand oder Überschwemmung sowie aus der Veräußerung von langfristigen Vermögenswerten. Ferner sind unter den *losses* auch eigentlich aus der gewöhnlichen Geschäftstätigkeit herrührende Aufwendungen zu erfassen, wie bspw. Wechselkursverluste.

Die IFRS/IAS sehen wie bei der Bilanz und im Gegensatz zu § 275 HGB **kein bestimmtes Layoutformat** für die GuV vor. Nach IAS 1.81 werden lediglich **Mindestangaben** gefordert, wonach mindestens folgende Posten in einer IFRS/IAS-GuV anzuführen sind:
1. Umsatzerlöse
2. Finanzierungsaufwendungen
3. Gewinn- und Verlustanteile an assoziierten Unternehmen und Joint Ventures, die nach der Equity-Methode bilanziert werden (Konzernabschluss)
4. Steueraufwendungen
5. Erfolge aus aufgegebenen Geschäftsbereichen
6. Ergebnis

Weitere Posten, Überschriften oder Zwischensummen sind in der IFRS/IAS-GuV abzubilden, wenn dies ein Standard verlangt oder solch eine Darstellung für das Verständnis der **Ertragslage** notwendig ist (IAS 1.83).

Sofern die Aufgliederung der operativen Aufwendungen innerhalb der GuV und nicht im Anhang (IAS 1.81) erfolgt, ergibt sich für den Einzelabschluss nach dem Gesamt- und Umsatzkostenverfahren folgende beispielhafte an das HGB angelehnte Mindestgliederung:[112]

---

[112] Ob für die Darstellung der GuV die Staffel- oder Kontoform zulässig ist, wird durch IAS 1 nicht bestimmt. Gleichwohl werden im Anhang zu IAS 1 Beispiel-Gewinn- und Verlustrechnungen in Staffelform gezeigt. Ob die Darstellung der GuV in Kontoform zulässig ist, ist damit offen. In der Praxis ist regelmäßig die Staffelform anzufinden.

8 Gewinn- und Verlustrechnung

Gesamtkostenverfahren	Umsatzkostenverfahren
Umsatzerlöse +/- Bestandsveränderungen Vorräte + aktivierte Eigenleistungen + sonstige betriebliche Erträge - Materialaufwand - Personalaufwand - Abschreibungen - sonstige betriebliche Aufwendungen	Umsatzerlöse - Herstellungskosten der zur Erzielung der Umsatzerlöse erbrachten Leistungen (Umsatzkosten) = **Bruttoergebnis vom Umsatz** - Vertriebskosten - allgemeine Verwaltungskosten + sonstige betriebliche Erträge - sonstige betriebliche Aufwendungen
(1) = **operatives Ergebnis**	
(2) + sonstige Zinsen und ähnliche Erträge	
(3) - Zinsen und ähnliche Aufwendungen	
(4) = **Finanzergebnis (2-3)**	
(5) + Erträge aus aufgegebenen Geschäftsbereichen	
(6) - Aufwendungen aus aufgegebenen Geschäftsbereichen	
(7) = **Ergebnis aus aufgegebenen Geschäftsbereichen (5-6)**	
(8) = **Jahresüberschuss vor Ertragssteuern (1+4+7)**	
(9) - Ertragssteuern	
(10) = **Jahresüberschuss nach Steuern (8-9)**	

Abb. 8.1: Gesamt- und Umsatzkostenverfahren

Quelle in Anlehnung an: Kirsch, Hanno: Konzeption der Gewinn- und Verlustrechnung nach HGB und IFRS, in: StuB, Heft 17 vom 8.9.2006, S. 653

Nachfolgend werden einzelne Posten der GuV erläutert:

Tab. 8.1 Inhalte einzelner GuV-Posten

Begriff	Erläuterung
Umsatzerlöse (revenues)	Die typischen Erlöse des Unternehmens sind unter diesem Posten auszuweisen. Hierzu zählen im Handel die Verkaufserlöse aus dem Warenverkauf, in der Industrie die Erlöse aus dem Verkauf der hergestellten Güter, im Dienstleistungsunternehmen die Erlöse aus den jeweiligen Geschäften (z.B. Beratungsleistungen). Bei Langfristfertigung mit zeitanteiliger Gewinnentstehung (*Percentage-of-Completion-Method*) erfolgt ebenfalls ein Ertragsausweis unter diesem Posten.
Sonstige betriebliche Erträge (gains)	Solange sie keinen entscheidungsrelevanten Charakter aufweisen, werden unter diesem Posten sämtliche Erträge dargestellt, die nicht zu den Umsatzerlösen zählen, bspw. Mieterträge, Gewinne aus dem Verkauf von Anlagegegenständen, Zuschreibungen bei Sachanlagen, Erträge aus der Auflösung von Rückstellungen, Versicherungserstattungen, Erträge aus zu hoch abgeschriebenen Forderungen.

Bestandsveränderungen (changes in inventories)	Die Bestandsveränderungen fertiger und unfertiger Erzeugnisse (finished goods/ unfinished goods) werden unter diesem Posten aufgeführt. Vom Unternehmen selbst erstellte Vermögenswerte, die längerfristig genutzt werden sollen, werden gesondert als *work performed by the enterprise and capitalised* ausgewiesen. Dieser Posten entspricht den handelsrechtlichen "anderen aktivierten Eigenleistungen", die in § 275 Abs. 2 Nr. 3 HGB aufgeführt sind.
Roh-, Hilfs- und Betriebsstoffe (raw materials and consumables used)	Alle Aufwendungen für Roh-, Hilfs- und Betriebsstoffe, die zur Herstellung der betrieblichen Leistungen notwendig sind. In der Industrie gehören neben dem reinen Materialverbrauch (raw materials used) auch die Hilfs- und Betriebsstoffe (consumables used) zu diesem Posten. Neben mengenmäßigen Änderungen sind auch wertmäßige zu erfassen. Außerplanmäßige Abschreibungen auf den Nettoveräußerungswert[113] (net realisable value) sind unter diesem Posten auszuweisen.
Personalaufwendungen (staff costs)	Hierzu zählen alle Komponenten des Personalaufwands, insbesondere: • Löhne und Gehälter (wages and salaries): Periodische Gehaltszahlungen einschließlich Sonderzahlungen wie 13. Monatsgeld, Urlaubsgeld, Prämien. • Sozialaufwendungen (social security costs): Beiträge zur Sozialversicherung der Arbeitnehmer, die vom Arbeitgeber zu leisten sind (Arbeitgeberanteil zur Sozialversicherung).
Abschreibungen (depreciation/ amortisation expenses)	Die planmäßigen Abschreibungen von Sachanlagen werden als *depreciation expenses* bezeichnet. Die außerplanmäßigen Abschreibungen sind bei Entscheidungsrelevanz gesondert als *loss on impairment* zu erfassen. Da es sich um Wertminderungen handelt, werden sie als *losses* und nicht als *expenses* bezeichnet. Die planmäßigen Abschreibungen von immateriellen Vermögenswerten (intangible assets) werden *amortisation expenses* genannt. Regelmäßig sind die Abschreibungen für immaterielle Vermögenswerte, Entwicklungskosen (development costs) und Firmenwerte (goodwills) gesondert zu behandeln. Neben den planmäßigen Abschreibungen sind eventuell außerplanmäßige Abschreibungen zu erfassen. Sie sind im Regelfall speziell auszuweisen (loss on impairment).
Sonstige betriebliche Aufwendungen (other operating expenses)	Sie bilden das Gegenstück zu den sonstigen betrieblichen Erträgen und umfassen z.B. Zuführungen zu Rückstellungen, Mietaufwand, Versicherungsaufwand, Kfz-Aufwand, Werbeaufwand, Gebühren und Beiträge, Aufwendungen für zu niedrig abgeschriebene Forderungen.

---

[113] Vgl. die Ausführungen unter dem Gliederungspunkt 6.6.2.

8 Gewinn- und Verlustrechnung

Finanzerträge (finance revenues)	Als *finance revenues* (Finanzerträge) werden regelmäßig anfallende Zinserträge, Dividenden von Kapitalgesellschaften und Gewinnanteile von Personengesellschaften erfasst. Unregelmäßig anfallende Wertsteigerungen bei Wertpapieren, die in Spekulationsabsicht gehalten werden (*trading securities* oder *available-for-sale-securities*; bei erfolgswirksamer Behandlung), werden idR. gesondert ausgewiesen. Es handelt sich um *gains*, so dass ein Ausweis als *finance gains* zweckmäßig erscheint.
Finanzaufwendungen (finance costs)	Hier werden insbesondere die Zinsaufwendungen ausgewiesen, die zur Unternehmensfinanzierung anfallen. Wertminderungen von Wertpapieren werden gesondert als *loss on impairment* behandelt. Im Regelfall werden die periodischen und aperiodischen Komponenten getrennt dargestellt, da sie meist entscheidungsrelevant sind.
Steuern (income taxes)	Unter diesem Posten werden die Ertragssteuern eines Unternehmens ausgewiesen. Regelmäßig sind gesondert auszuweisen: • Effektive Steuern: Steuerbelastung nach den Steuergesetzen (GewStG, KStG). • Latente Steuern: Anpassung der effektiven Steuerbelastung an den IFRS/IAS-Erfolg.
Außerordentliches Ergebnis (extraordinary items)	Das außergewöhnliche Ergebnis umfasst nur die Aufwendungen und Erträge für selten vorkommende Vorfälle wie z.B. Schäden durch Naturkatastrophen. Dieser Posten wird – sofern er überhaupt ausgewiesen wird – nach Steuern ausgewiesen, da IAS 1.85 die Erfassung von außerordentlichen Posten in GuV und Anhang verbietet.

Quelle in Anlehnung an: Buchholz, Rainer: Internationale Rechnungslegung, 3. Auflage, S. 204-206.

Die Posten der IFRS/IAS-GuV sind nach dem **Bruttoprinzip** grundsätzlich **unsaldiert** – wie auch im handelsrechtlichen Abschluss[114] – auszuweisen (IAS 1.32). In der IFRS/IAS-Rechnungslegung hingegen wird das Verrechnungsverbot stärker eingeschränkt: So besteht die ausdrückliche Pflicht zur Saldierung, wenn ein Standard dies fordert (IAS 1.32) oder durch die Saldierung der wirtschaftliche Gehalt des Geschäftsvorfalls bestmöglich wiedergegeben wird (IAS 1.34). Beispielsweise sind Rückstellungsaufwendungen mit Erstattungen zu saldieren (IAS 1.34b) oder auch Gewinne und Verluste bei nicht wesentlichen Posten, die aus einer Gruppe von ähnlichen Geschäftsvorfällen entstehen, wie bspw. Währungsumrechnungen oder Wertpapierspekulationen (IAS 1.35). Ebenso sind Wertaufholungen bei Vorräten mit dem Aufwandsposten zu verrechnen, in dem zuvor die Wertminderung gebucht wurde (IAS 2.34).[115]

---

[114] Vgl. § 246 Abs. 2 HGB.

[115] Regelmäßig handelt es sich hierbei um das Konto Materialaufwand.

Um die zeitliche Vergleichbarkeit der Jahresabschlussinformationen sicherzustellen, müssen auch die jeweiligen **Vorjahreswerte** angegeben werden (IAS 1.36; F. 42).

Fragen und Lösungen
1. Welche Darstellungsformen der GuV sind im IFRS/IAS-Abschluss zulässig?
   Durch die IFRS/IAS wird kein bestimmtes Layoutformat für die GuV vorgegeben. Demzufolge ist auch grundsätzlich der Ausweis des handelsrechtlichen Gliederungsschemas in Form des Gesamt- und Umsatzkostenverfahrens zulässig. Trotzdem wird, unabhängig von der gewählten Darstellungsform, die Angabe bestimmter Posten gefordert (IAS 1.81).

9 Eigenkapitalveränderungsrechnung

Die Eigenkapitalveränderungsrechnung, als dritter eigenständiger Pflichtbestandteil eines IFRS/IAS-Abschlusses (IAS 1.8c), informiert über die Quellen/ Ursachen der Vermögensänderungen (Eigenkapitaländerungen; IAS 1.96 ff.). Quellen/ Ursachen von Eigenkapitalerhöhungen/ -minderungen sind:
- Transaktionen mit Anteilseignern (bspw. Dividendenauszahlungen, Kapitalerhöhungen und -herabsetzungen),
- Periodenerfolg der Gewinn- und Verlustrechnung (Jahresüberschuss/ Jahresfehlbetrag bzw. Bilanzgewinn/ Bilanzverlust),
- direkt in das Eigenkapital gebuchte Gewinne oder Verluste (dem Handelsrecht fremd).

Neben diesen drei „reinen" Vermögensveränderungsursachen sieht IAS 8 eine rückwirkende Korrektur von **Bilanzierungsfehlern** der Vergangenheit möglichst in der Eröffnungsbilanz des ersten im Abschluss dargestellten Jahres vor. Hierbei sind die Eröffnungsbilanzwerte dann so zu korrigieren, als ob der Fehler nie aufgetreten wäre. Als buchungstechnisches Gegenkonto für die zu berichtigenden Aktiv- oder Passivkonten dienen die **Gewinnrücklagen**.

Sofern Unternehmen ihre **Bilanzierungs- und Bewertungsmethoden** ändern, um hierdurch im Abschluss zuverlässigere und relevantere Informationen zu vermitteln, darf die Unternehmung die Ansatz- und Bewertungsstetigkeit durchbrechen. Die Änderung der Bilanzierungs- und Bewertungsmethoden ist – wie auch bei der Bilanzberichtigung – durch Verrechnung gegen die **Gewinnrücklagen** durchzuführen (IAS 8).

Nachfolgend werden die drei oben aufgeführten Eigenkapitalveränderungen erläutert, bevor dann auf die Darstellungsformen der Eigenkapitalveränderungen im Jahresabschluss sowie die Anhangangaben eingegangen wird.

9.1 Transaktion mit Anteilseignern

Hinsichtlich der Transaktion mit Anteilseignern hat das bilanzierende Unternehmen das Wahlrecht, die Veränderungen entweder in der Eigenkapitalveränderungsrechnung oder separat davon im Anhang darzustellen (IAS 1.97).

Kapitaltransaktionen mit den Anteilseignern sind:
- Einzahlungen von ausstehenden Einlagen der Gesellschafter[116]
- Erwerb eigener Anteile (treasury shares)[117]

Eigene Anteile sind nach IAS 32.33 **nicht zu aktivieren**, sondern direkt vom Eigenkapital zu kürzen, wobei die Methode der Eigenkapitalverrechnung durch IAS 32 nicht bestimmt wird. In der Literatur werden drei zulässige Methoden aufgeführt:[118]
- Verminderung des Eigenkapitals in Höhe der Anschaffungskosten der eigenen Anteile durch einen gesonderten Posten.
- Der Nennwert der erworbenen eigenen Anteile wird mit dem gezeichneten Kapital verrechnet. Die ggf. darüber hinausgehenden Anschaffungskosten werden von dem ursprünglichen Agio, das in der Kapitalrücklage enthalten ist, abgezogen. Gegebenenfalls weitere verbleibende Anschaffungskosten werden mit den freien Gewinnrücklagen verrechnet.[119]
- Der Nennwert der erworbenen eigenen Anteile wird mit dem gezeichneten Kapital verrechnet. Einen ggf. verbleibenden Restbetrag der Anschaffungskosten kann die Gesellschaft unter Beachtung der gesellschaftsrechtlichen Beschränkungen mit den übrigen Eigenkapitalposten verrechnen.

Werden die erworbenen eigenen Aktien (später) wieder veräußert, so ist dieser Vorgang als **Neuemission** zu werten, mit der Folge, dass der Erlös auf das gezeichnete Kapital (Nennwert) und auf die Kapitalrücklage (Agio) aufzuteilen ist.

9.2 Reinvermögensänderungen durch Gewinn oder Verlust

Der **Jahresüberschuss** bzw. **Jahresfehlbetrag** stellt den wirtschaftlichen Erfolg des Unternehmens in der abgelaufenen Periode dar.

Sofern ein Jahresüberschuss vollständig oder teilweise an die Anteilseigner ausgeschüttet wird, ist er dem Eigenkapital entnommen und muss als solcher, wenn er nicht sofort ausgeschüttet wird, als **kurzfristige Schuld** ausgewiesen werden.

---

[116] Eigenkapitalbeschaffungskosten (Registergebühren, Stempelsteuern, Gesellschaftssteuern, Beurkundungskosten, Rechts- und Beratungskosten, Emissionsgebühren des platzierenden Finanzinstituts) stellen nach IAS 32.37 keinen Aufwand dar, der in der Gewinn- und Verlustrechnung zu berücksichtigen ist. Vielmehr sind die Ausgaben unmittelbar vom zugegangenen Eigenkapital zu kürzen.

[117] Die Zulässigkeit des Erwerbs eigener Anteile hängt von der Rechtsform ab. Bei Aktiengesellschaften vgl. die §§ 71 – 71e, 93 Abs. 3 Nr. 3 AktG; bei GmbHs vgl. die §§ 33, 43 Abs. 3 GmbHG.

[118] Vgl. Beck'sches IFRS-Handbuch, 2. Aufl. 2006, S. 337 Rz. 77.

[119] Bei der Verrechnung der Anschaffungskosten der eigenen Anteile geht es nicht nur um die Berücksichtigung des Nennwertes bzw. des damalig erhaltenen Agios allein, sondern auch um die zwischenzeitlich erwirtschafteten und nicht ausgeschütteten (thesaurierten) Gewinne, die in den Gewinnrücklagen enthalten sind. Denn sofern der Kaufpreis der eigenen Anteile auch thesaurierte Gewinne widerspiegelt, ist ein entsprechender Abzug von den Gewinnrücklagen vorzunehmen.

Sofern Teile des Jahresüberschusses oder der gesamte Jahresüberschuss im Unternehmen einbehalten werden (thesauriert), sind diese Beträge in die **Gewinnrücklagen** zu buchen.

Sofern eine teilweise Disposition über die Verwendung des Jahresüberschusses getroffen wurde, kann die Bilanz auch unter Berücksichtigung dieser beabsichtigten Verwendung erstellt werden. In diesem Fall ist jedoch statt eines Jahresüberschusses ein Bilanzgewinn bzw. Bilanzverlust auszuweisen.

Sofern ein **Jahresfehlbetrag** vorliegt, ist dieser unter Beachtung gesellschaftsrechtlicher Regelungen mit dem Eigenkapital zu verrechnen.

9.3 Direkt im Eigenkapital erfasste unrealisierte Gewinne

In der IFRS/IAS-Rechnungslegung dürfen – im Gegensatz zum HGB – Erfolge bestimmter Geschäftsvorfälle **direkt im Eigenkapital ohne Berührung der Gewinn- und Verlustrechnung** erfasst werden. Im Einzelnen handelt es sich um folgende Geschäftsvorfälle/Sachverhalte:
- Neubewertung von Sachanlagen (IAS 16) und immateriellen Vermögenswerten (IAS 38)[120]
- Währungsumrechnungsdifferenzen im Konzern (IAS 23)
- Marktbewertung von zur Veräußerung verfügbarer Finanztitel und Cash flow-Hedges (IAS 39)
- Anpassung der Wertansätze für Vermögenswerte und Schulden beim Unternehmenskauf (IAS 22.37)
- erforderliche Anpassungsbuchungen beim Übergang auf die IFRS/IAS-Rechnungslegung
- Zusagen von Aktienoptionen an Mitarbeiter

Die Änderung von **Bilanzierungs- und Bewertungsmethoden** oder auch **Fehlerkorrekturen** werden nach IAS 8 ebenfalls **erfolgsneutral** direkt über das Eigenkapital gebucht und nicht über die Gewinn- und Verlustrechnung.

9.4 Darstellung der Eigenkapitalveränderungen

Für die Darstellung der einzelnen Eigenkapitalveränderungen kann das Unternehmen wahlweise aus zwei Darstellungsformen wählen, die nachfolgend in Abb. 9.1 und Abb. 9.2 dargestellt sind:
- Gesamteinkommensrechnung
- Eigenkapitalveränderungsrechnung (Eigenkapitalspiegel)

---

[120] Ausnahmefall mangels aktiver Märkte.

Gesamteinkommensrechnung	Periode 02	Periode 01
Neubewertung IAS 16/ IAS 38		
Änderungen von Rückstellungen für Entsorgungs-, Wiederherstellungs- und ähnliche Verpflichtungen (IFRIC 1)		
Marktbewertung von Finanzinstrumenten (IAS 39)		
Währungskursdifferenzen		
Versicherungsmathematische Gewinne/ Verluste aus leistungsbezogenen Pensionszusagen		
Übrige ergebnisneutrale Veränderungen		
Saldo der ergebnisneutralen Eigenkapitalveränderungen		
Konzern-Jahresüberschuss/ -fehlbetrag		
Gesamtergebnis		
Auswirkungen der Änderungen von Bilanzierungs- und Bewertungsmethoden		

Abb. 9.1: Darstellungsbeispiel Gesamteinkommensrechnung
Quelle in Anlehnung an: Bohl, Werner/ Riese, Joachim/ Schlüter, Jörg: Beck'sches IFRS-Handbuch, 2. Auflage, München 2006, S. 480 Rz. 23

	Gezeichnetes Kapital	Kapitalrücklagen	Gewinnrücklagen	Erfolgsneutrale Eigenkapitalveränderung				Anteile anderer Gesellschafter	Gesamt
				Neubewertungsrücklage	Unterschiede aus Währungsumrechnung	Rücklage Marktbewertungen (IAS 39)	Konzern- (bilanz-)gewinn		
Stand 01. 01.									
Änderungen der Bewertungsmethoden									
Fehlerkorrektur									
Angepasster Betrag 01. 01.									
Neubewertung (IAS 16/ IAS 38)									
Änderungen von Rückstellungen für Entsorgungs-, Wiederherstellungs- und ähnliche Verpflichtungen (IFRIC 1)									
Marktbewertung von Finanzinstrumenten (IAS 39)									
Währungskursdifferenzen									
Übrige ergebnisneutrale Eigenkapitalveränderungen									
Nicht in der GuV berücksichtigte Gewinne und Verluste									
Konzern- Jahresüberschuss/ -fehlbetrag									
Änderungen des Konsolidierungskreises									
Dividenden									
Einzahlungen aus Kapitalmaßnahmen									
Zuführung/ Entnahme Gewinnrücklagen									
Stand 31.12.									

Abb. 9.2: Darstellungsbeispiel Eigenkapitalveränderungsrechnung (Eigenkapitalspiegel)
Quelle in Anlehnung an: Bohl, Werner/ Riese, Joachim/ Schlüter, Jörg: Beck'sches IFRS-Handbuch, 2. Auflage, München 2006, S. 478 Rz. 22

Die Unterschiede in den einzelnen Darstellungsformen ergeben sich dadurch, dass bei der Gesamteinkommensrechnung das Gesamteinkommen der Unternehmung stärker hervorgehoben wird als beim Eigenkapitalspiegel. Welcher Variante hierbei die bilanzierende Unternehmung den Vorzug geben soll, hängt von ihrer bilanzpolitischen Zielsetzung ab, wenngleich in der Praxis der **Eigenkapitalspiegel** favorisiert wird. Maßgeblich für diese Auswahl sind die Verringerung der **Anhangangaben** und die größere Übersichtlichkeit der Darstellungsform, da alle Eigenkapitalbewegungen zusammengefasst dargestellt werden. Zudem erfüllt der Eigenkapitalspiegel die Funktion einer **Ergebnisverwendungsrechnung**, da auch die Thesaurierung bzw. die Ausschüttung gezeigt wird.

Sofern die Gesamteinkommensrechnung zur Darstellung verwendet wird, sind im **Anhang** zusätzlich folgende Angaben zu geben (IAS 1.97, IAS 1.101):
- Darstellung der Kapitaltransaktionen mit den Anteilseignern und an sie erfolgende Ausschüttungen,
- Entwicklung der Gewinnrücklagen, des Bilanzgewinns/ Ergebnisvortrags und
- Darstellung der Entwicklung der einzelnen Eigenkapitalposten (gezeichnetes Kapital, Kapitalrücklage, Gewinnrücklage, Neubewertungsrücklage).

9.5 Anhangangaben zum Eigenkapital

Sofern die nachfolgenden Informationen bzw. Angaben nicht schon aus dem Eigenkapitalspiegel bzw. der Gesamteinkommensrechnung entnommen werden können, sind sie im Anhang zu geben (IAS 1.76; IAS 1.97):
- das gezeichnete Kapital ist zu untergliedern in Stamm- und Vorzugsaktien,
- Anzahl der Anteile,
- ausgegebene und eingezahlte Anteile,
- nicht eingezahlte Anteile bzw. teileingezahlte Anteile,
- Nennwert je Anteil,
- Darstellung der Entwicklung der Anzahl der ausgegebenen Anteile im Geschäftsjahr,
- gewährte Rechte, Vorzüge oder Einschränkungen jeder Anteilsgattung des gezeichneten Kapitals,
- Angaben der eigenen Aktien,
- Umfang des bedingten oder genehmigten Kapitals sowie die Bedingungen der Ausgabe,
- Darstellung sämtlicher Rücklagen sowie ihrer Zwecke (Kapitalrücklage, Gewinnrücklagen, Neubewertungsrücklage usw.),
- nach dem Bilanzstichtag, aber vor Genehmigung vorgeschlagene oder beschlossene Ausschüttungen,
- Gesamtbetrag bisher nicht gezahlter und damit noch vorzunehmender Ausschüttungen auf Vorzugsaktien.

Fragen und Lösungen
1. Welche Aufgabe hat die Eigenkapitalveränderungsrechnung?
   Die Eigenkapitalveränderungsrechnung zeigt die Quellen bzw. Ursachen von Eigenkapitalerhöhungen und Eigenkapitalminderungen auf, die zum einen aus Transaktionen mit den Anteilseignern resultieren können, wie bspw. Dividendenausschüttungen, Kapitalerhöhungen oder Kapitalherabsetzungen, zum anderen aus dem Periodenerfolg in Form des Gewinns oder Verlustes sowie als drittes die direkt in das Eigenkapital gebuchten Bewertungsgewinne oder -verluste.

10 Segmentberichterstattung

Die Segmentberichterstattung (segment reporting) soll dem Jahresabschlussleser dazu dienen, das gesamte Unternehmen sachgerechter beurteilen zu können. Hierzu werden die **Umsätze** nach
- Produkten bzw. Produktgruppen/ Dienstleistungen und
- Absatzmärkten

aufgeschlüsselt, um die **bisherige Ertragskraft** des Unternehmens sowie die **Risiken und Chancen künftiger Erträge** besser einschätzen zu können.

Viele Unternehmen bieten eine Vielzahl von verschiedenen Produkten und Dienstleistungen an und/ oder tätigen Geschäfte in geografischen Regionen, die schwankenden Rentabilitäten, Wachstumschancen, Zukunftsaussichten und Risiken ausgesetzt sind, mithin unterschiedliche Chancen und Risiken aufweisen.

Um die Chancen und Risiken eines solch diversifizierten bzw. multinationalen Unternehmens besser einschätzen zu können, sind die in Bilanz und GuV aggregierten Informationen in der Segmentberichterstattung aufgeschlüsselter und eingehender darzustellen. Hierdurch werden die unterschiedlichen Arten der Produkte und Dienstleistungen des Unternehmens sowie dessen Tätigkeiten in verschiedenen unterschiedlichen geografischen Regionen deutlich, wodurch die Bilanzadressaten die Chancen und Risiken besser abschätzen können. Insofern stellt die Segmentberichterstattung das zentrale Informationsinstrument über die **operativen Geschäftstätigkeiten** eines Unternehmens bzw. Konzerns dar.

Zur Segmentberichterstattung sind nach IAS 14.3 Unternehmen verpflichtet, deren Wertpapiere öffentlich gehandelt werden oder die einen Börsenhandel ihrer Wertpapiere vorbereiten. Die Segmentberichtspflicht ist **rechtsformunabhängig**. Sie entsteht sowohl bei Eigenkapital- als auch Gläubigerrechte verbriefenden Papieren. Als öffentlicher Handel gilt jede in- oder ausländische Börse sowie der Freiverkehr.

Nach IAS 14.4 können auch Unternehmen, die nicht zur Segmentberichterstattung verpflichtet sind, diese wahlweise vornehmen. Sofern sie von dem Wahlrecht Gebrauch machen, müssen sie aber die Anforderungen des IAS 14 erfüllen.

Die Segmentberichterstattung kann sowohl als separates Statement dargestellt werden, was in der Praxis der häufigste Fall ist, als auch im Anhang integriert werden.

Durch IAS 14.9 werden zwei Segmentierungen vorgenommen, die als solche dann auch in der Segmentberichterstattung darzustellen sind:
- Geschäftssegment
- Geografisches Segment

Geschäftssegmente sind Teilbereiche eines Unternehmens, die Güter produzieren oder Dienstleistungen erbringen bzw. Gruppen hiervon. Sie bestimmen sich nach den **Produkten** oder **Dienstleistungen** der Unternehmung, die den **gleichen Risiken und Chancen** unterliegen und sich von Risiken und Chancen anderer Teilbereiche (Produkte/ Dienstleistungen) des Unternehmens unterscheiden.

Zur Bestimmung von Geschäftssegmenten sind folgende Merkmale heranzuziehen, wobei sie weder abschließend noch alle vollständig erfüllt sein müssen (IAS 14.9):
- Ähnlichkeit der Art der Produkte bzw. Dienstleistungen,
- Gleichartigkeit des Produktionsprozesses,
- gleiche Kundengruppen,
- gleiche Vertriebsbedingungen,
- gleiche Marktbedingungen (bspw. durch Branchenvorschriften wie z.B. bei Versicherungen, Banken, Versorgungsunternehmen oder Standesvorschriften).

Geografische (regionale) Segmentierungen ergeben sich aus **Ländern** bzw. der Bildung von **Ländergruppen** und stellen eine Teilaktivität des Unternehmens dar, in der Produkte bzw. Dienstleistungen innerhalb eines spezifischen wirtschaftlichen Umfeldes erzeugt bzw. erbracht werden und die Risiken und Chancen unterliegen, die sich von anderen Teilaktivitäten des Unternehmens in anderen wirtschaftlichen Umfeldern unterscheiden. Kennzeichnende Merkmale regionaler Segmentierungen sind (IAS 14.9):
- Gleichartige wirtschaftliche Rahmenbedingungen,
- vorhandene Beziehungen zwischen Tätigkeiten in unterschiedlichen Regionen,
- Nähe der Tätigkeiten,
- Identität spezieller Risiken,
- Devisentransfer- und Wechselkursrisiken.

Auch diese Aufzählung ist nicht abschließend und für eine Segmentierung braucht auch nur die Mehrzahl der Merkmale erfüllt zu sein.[121]

Bei der regionalen Segmentierung ist nicht notwendigerweise auf den Standort der Produktionsanlagen und der Dienstleistungserbringung eines Unternehmens abzustellen. Vielmehr können unter Berücksichtigung der Risiken und Chancen auch die Standorte der Märkte und die Kundenrelevanz für die Bildung der regionalen Segmente entscheidend sein. Dies ist unternehmensindividuell zu bestimmen.

Im Anschluss an die Abgrenzung der einzelnen Segmente, ist festzustellen, ob sie einer **Berichtspflicht** unterliegen.

---

[121] Vgl. IAS 14.9 f. iVm IAS 14.14 f.

9.5 Anhangangaben zum Eigenkapital

Berichtspflichtige Segmente ergeben sich nur, wenn sie mindestens einen der nachstehenden Mindestklassenwerte erreichen. Nach IAS 14.35 sind drei Klassen zu bilden:
- Umsätze mit fremden Dritten (**Außenumsätze**) sowie Transaktionen mit anderen Segmenten (**Innenumsätze**) betragen mindestens 10 % des Gesamtumsatzes aller Segmente.
- Das einzelne **Segmentergebnis** beträgt mindestens 10 % des über alle Segmente aggregierten Verlustes oder Gewinns, in Abhängigkeit welcher Betrag absolut betrachtet größer ist.
- Die **Vermögenswerte** des einzelnen Segments betragen mehr als 10 % der gesamten Vermögenswerte aller Segmente.

Berichtspflichtig sind damit nur Segmente mit einem Umsatzanteil, Erfolgsanteil oder einem Anteil der Vermögenswerte von mindestens 10 % (IAS 14.35), so dass nicht über jedes gebildete Segment zu berichten ist.

Ebenso entfällt eine Segmentberichterstattung bei Unternehmen, die nur ein Produkt herstellen und es nur in einer Region vertreiben (z.B. Bierbrauerei mit örtlich begrenztem Kundenkreis und ohne Vertrieb anderer Getränke (Kölsch)).

Das **Segmentergebnis** ergibt sich aus dem Saldo der Segmenterlöse und Segmentaufwendungen. Dies sind die Beträge, die einem Segment direkt oder durch sachgerechte Schlüsselung zugeordnet werden können. Das Segmentergebnis wird vor Zinsen und Steuern dargestellt (IAS 14.16). Den Segmenten sind außerdem die betrieblichen Vermögenswerte und Schulden zuzuordnen. Das Segmentvermögen ist neben dem Segmentergebnis darzustellen.

Hinsichtlich des **Schwerpunkts der Berichterstattung** ist zu klären, ob die geschäftlichen oder die geografischen Segmente Vorrang haben. Hierbei kommt es darauf an, ob die Risiken und Chancen des Unternehmens primär durch die unterschiedlichen Produkte und Dienstleistungen oder durch die unterschiedlichen geografischen Regionen bestimmt sind. Das wesentlichere Segment wird dann als **primäres Berichtsformat** bezeichnet und das verbleibende (nachrangige) Segment als **sekundäres Berichtsformat** festgelegt. Die Berichtspflichten des primären Formates sind umfassender als die des sekundären, die durch die zwei nachfolgenden Gliederungspunkte dargestellt werden:

Aktuell werden zur Bestimmung der Abgrenzungskriterien der Segmente im Wesentlichen zwei Ansätze diskutiert:
- Risk and reward approach
- Management approach

Nach dem **risk and reward approach** sollen alle Segmente unterscheidbare Teilbereiche des Unternehmens sein. Sie werden so abgegrenzt, dass der jeweilige Tätigkeitsbereich hinsichtlich der Risiken und Chancen gleichartig ist und sich im Vergleich zu den anderen Segmenten die Risiken und Chancen möglichst stark unterscheiden.

Bei den **Management approach** sollen die bereits vorhandenen und gebildeten Unternehmenseinheiten hinsichtlich interner Berichterstattung, Entscheidungsfindung sowie operativer Steuerung auch für die externe Segmentberichterstattung maßgeblich sein, da davon ausgegangen wird, dass der Unternehmensleitung die besten Informationen für eine Segmentierung des Unternehmens zur Verfügung stehen.

10.1 Angaben im primären Berichtsformat

Durch IAS 14.50 ff. werden folgende Pflichtangaben zum primären Berichtsformat gefordert:
- Segmenterlöse[122], aufzuteilen in Außen- und Innenerlöse
- Segmentergebnis[123]
- Segmentvermögen[124]
- Segmentschulden[125]
- Segmentinvestitionen[126]
- Segmentabschreibungen[127]

---

[122] Außerordentliche Posten gehören nicht zu den Erlösen. Zins- und Dividendenerträge sowie Erträge aus der Veräußerung von Finanzinvestitionen sowie der Tilgung von Schulden gehören nur zu den Erlösen, wenn die Tätigkeit des Segments überwiegend finanzieller Art ist.

[123] Das Segmentergebnis ist aufzugliedern in das Ergebnis aus fortzuführenden Geschäftsbereichen, getrennt vom Ergebnis aus aufgegebenen Geschäftsbereichen (IAS 14.52). Bei der Berücksichtigung von Segmentaufwendungen sind Zinsaufwendungen sowie Aufwendungen aus der Veräußerung von Finanzinvestitionen oder der Tilgung von Schulden nur bei Segmenten mit überwiegend finanzieller Tätigkeit zu berücksichtigen. Ertragsteueraufwendungen gehören nicht zu den Segmentaufwendungen.

[124] Zum Segmentvermögen gehören nur diejenigen Vermögenswerte, die innerhalb der operativen Tätigkeit des jeweiligen Segments eingesetzt werden. Nicht betriebsnotwendiges Vermögen wird nicht berücksichtigt. Die Betriebsnotwendigkeit ist nicht aus Gesamtunternehmenssicht, sondern aus Perspektive der einzelnen Segmente zu beurteilen. Forderungen, gewährte Darlehen, Finanzinvestitionen usw. sind nur dann als Segmentvermögen auszuweisen, wenn die zugehörigen Erträge ebenfalls im Segmentergebnis berücksichtigt sind. Ertragsteueransprüche dürfen nicht im Segmentvermögen als Forderungen aufgenommen werden, da das Segmentergebnis keinen Steueraufwand enthält. Das Unternehmen hat den Gesamtbuchwert des Segmentvermögens für jedes berichtpflichtige Segment anzugeben (IAS 14.55).

[125] Das Unternehmen hat die Segmentschulden für jedes berichtspflichtige Segment anzugeben (IAS 14.56). Die Segmentschulden umfassen gleichermaßen Verbindlichkeiten wie Rückstellungen, soweit sie dem operativen Bereich zuzurechnen sind. Verbindlichkeiten werden aber nur dann im Segment berücksichtigt, sofern auch der dazugehörige Zinsaufwand seinen Niederschlag im Segmentergebnis gefunden hat. Andernfalls sind die Verbindlichkeiten nicht zu berücksichtigen. Steuerschulden gehören nicht zu den Segmentschulden, da auch der Steueraufwand als solcher nicht in das Segmentergebnis eingeflossen ist.

[126] Nach IAS 14.57 muss das Unternehmen die gesamten Anschaffungskosten des in der Berichtsperiode angeschafften Segmentvermögens angeben, wobei hierbei aber nur über Vermögenswerte mit einer Nutzungsdauer von mehr als einer Berichtsperiode zu berichten ist. Darzustellen sind die Investitionen, die in Sachanlagen und immaterielle Vermögenswerte getätigt wurden, wobei sie in einer Summe angegeben werden und keine Aufgliederungen erforderlich sind.

[127] Nach IAS 14.58 hat das berichtende Unternehmen die planmäßigen Abschreibungen des jeweiligen Segmentsvermögens für die Berichtsperiode in einer Summe anzugeben. Die Angabe kann nach IAS 14.63 jedoch unterbleiben, sofern sie bereits bei der Angabe zum Segment-Cash flow zur Verfügung steht. Durch IAS 36.129 wird bestimmt, dass auch außerplanmäßige Abschreibungen und Wertaufholungen (Zuschreibungen) in der Segmentberichterstattung anzugeben sind.

- Sonstige wesentliche zahlungsunwirksame Segmentaufwendungen[128]
- Ergebnis aus und Höhe der nach der Equity-Methode bewerteten Beteiligungen[129]

10.2 Angaben im sekundären Berichtsformat

In der Praxis stellt die geografische Segmentierung oft das sekundäre Berichtsformat dar. In diesem Fall verlangt IAS 14.69 folgende Angaben:

- **Segmenterlöse**
  Anzugeben sind nur Erlöse mit fremden Dritten; keine internen Erlöse. Die Zurechnung dieser Erlöse muss zwingend auf Grundlage des Kundenstandortes erfolgen. Sofern diese Erlöse aber weniger als 10 % der Gesamterlöse des Unternehmens ausmachen, kann die Angabe für das Segment unterbleiben.
- **Segmentvermögen**
  Es ist der Gesamtbuchwert des geografischen Segmentvermögens anzugeben. Die Angabe kann unterbleiben, sofern das Segmentvermögen weniger als 10 % des Gesamtvermögens des Unternehmens ausmacht.
- **Segmentinvestitionen**
- Angabe der Gesamtsumme der geografischen Segmentinvestitionen, sofern erwartet wird, dass das Segmentvermögen länger als eine Berichtsperiode genutzt wird.

Sofern ein **Geschäftssegment** als sekundäres Berichtsformat klassifiziert wurde, sind folgende Angaben erforderlich:
- Erlöse mit fremden Dritten,
- Buchwert des Segmentvermögens und
- Segmentinvestitionen.

Nach IAS 14.37 müssen 75 % aller Umsätze mit fremden Dritten auf die dargestellten Segmente entfallen. Dies kann dazu führen, dass über Segmente, die nicht der Berichtspflicht unterliegen, dennoch berichtet werden muss.

---

[128] Anzugeben sind hier nur Aufwendungen der Berichtsperiode, die in derselben Periode nicht zu Auszahlungen geführt haben, wobei in der Praxis die bedeutendsten Fälle regelmäßig die Zuführungen zu den Rückstellungen sein dürften. Nicht angegeben werden unter diesem Posten die planmäßigen Abschreibungen, die zuvor schon aufgeführt wurden. Das IFRS/IAS-Regelungswerk enthält keine Regelung zur Bestimmung, wann die zahlungsunwirksame Segmentaufwendung wesentlich ist. Insofern sollte die sonst im Unternehmen angewendete Wesentlichkeitsgrenze hilfsweise als Beurteilungsmaßstab herangezogen werden.

[129] Sofern den einzelnen Segmenten Beteiligungen zugeordnet wurden, sind auch die Beteiligungsergebnisse im Segment zu berücksichtigen, aber auch nur dann, wenn sich die Aktivität der jeweiligen Beteiligung auf dieses eine Segment beschränkt (IAS 14.64 f.).

Nachfolgende Abbildung zeigt eine mögliche tabellarische Darstellungsform der Segmentberichterstattung:

IAS	Segmentberichterstattung	Segmente			Nicht-segment-bereiche
		A	B	C	
14.51	Segmenterträge • gegenüber Dritten (Außenumsätze) • zwischen den Bereichen (Innenumsätze)				
14.52 14.53 ff. 14.67	Segmentergebnis (idR. operatives Ergebnis) Überleitung zum Jahresergebnis (nur auf Konzernebene)				
14.55	Segmentvermögen				
14.56	Segmentschulden				
14.57	Segmentinvestition: Zugänge Sachanlagevermögen und immaterielle Vermögenswerte des Anlagevermögens				
14.58 14.61 14.63	Planmäßige Abschreibungen und sonstige nicht zahlungswirksame Aufwendungen oder: Cash flow				
14.64 14.66	Werden nach der Equity-Methode bewertete Beteiligungen den Segmenten zugeordnet (Konzernabschluss) • Equityergebnis • Equitybuchwert				
14.59	Angabe wesentlicher Aufwendungen und Erträge (freiwillig)				

Abb. 10.1: Tabellarische Segmentberichterstattung
Quelle in Anlehnung an: Pawelzik, Kai Udo: Eigenkapitalveränderungsrechnung, Kapitalflussrechnung, Segmentberichterstattung, Euroforum, Lektion 8, Düsseldorf 2004, S. 63.

Zusammenfassung

Je diversifizierter ein Unternehmen bzw. Konzern aufgestellt ist, desto geringer ist die Aussagekraft des aggregierten IFRS/IAS-Abschlusses. Da die unterschiedlichen Geschäftsfelder in geografisch verschiedenen Märkten regelmäßig auch unterschiedliche Chancen und Risiken aufweisen, ist eine entsprechende Aufschlüsselung der Ergebnisse erforderlich. Hierbei wird insbesondere auf Geschäftsvolumen, Kapitaleinsatz oder Rentabilität abgestellt. Weitere Einflussfaktoren sind aber auch Wachstumsaussichten, Branchenkonjunktur, technologische Entwicklungen, Währungs- und Transferrisiken sowie Marktzugangsbedingungen. Damit kann die Segmentberichterstattung dem Abschlussadressaten helfen, die bisherige Ertragskraft besser einzuordnen und die Risiken und Chancen besser abschätzen zu können.

10.2 Angaben im sekundären Berichtsformat

Welches von den beiden Segmentarten (Geschäftssegment oder geografisches Segment) zum primären bzw. sekundären Berichtsformat klassifiziert wird, richtet sich danach, welches Segment in der spezifischen Situation des berichtenden Unternehmens die Chancen (Erträge) und Risiken bestimmt. Dieses Segment wird dann zum primären Segmentberichtsformat, das andere zum sekundären. Die Unterscheidung zwischen primärem und sekundärem Segmentberichtsformat hat dann Auswirkungen auf den Umfang bzw. das Volumen der Berichts- bzw. Informationsvermittlung.

Fragen und Lösungen
1. Welche Aufgabe hat die Segmentberichterstattung?
   Die Segmentberichterstattung dient der Information der Jahresabschlussleser. Sie sollen durch die vermittelten Informationen die bisherige Ertragskraft der Gesellschaft besser beurteilen können sowie die Risiken und Chancen künftiger Erträge besser einschätzen.

2. Worüber wird in der Segmentberichterstattung berichtet?
   Die Segmentberichterstattung berichtet über Produkte bzw. Produktgruppen sowie über die Absatzmärkte. Hierzu werden Berichtselemente in Form von *Geschäftssegmenten* und *geografischen Segmenten* gebildet, in denen dann u.a. über die jeweiligen Segmenterlöse, das Segmentvermögen und die Segmentinvestitionen berichtet wird.

11 Ergebnis je Aktie

Das Ergebnis je Aktie (earnings per share) zeigt den Gewinnbetrag, der auf die einzelne Stammaktie entfällt. Im Grundfall wird dabei nicht der ausgeschüttete Gewinn herangezogen, sondern der insgesamt im Unternehmen erzielte. Das Ergebnis je Aktie ermittelt sich dann wie folgt:

$$\text{Ergebnis je Aktie} = \frac{\text{Gewinn}}{\text{Anzahl der Stammaktien}}$$

> **Beispiel:**
>
> Die RheinAhrMedic AG erwirtschaftet einen Gewinn (Jahresüberschuss) iHv. 500.000 €. Das Unternehmen hat 200.000 Stammaktien herausgegeben und damit ein Grundkapital iHv. 2 Mio. € finanziert. Damit ergibt sich ein Ergebnis je Aktie iHv. 2,50 € (= 500.000 € / 200.000 Stammaktien).

Detaillierte Regelungen zur Berechnung des Ergebnisses je Aktie enthält IAS 33, wodurch das Ziel verfolgt wird, einheitliche Definitionen der Berechungsgrößen und der Berechnungsmethoden für eine **unternehmensübergreifende Vergleichbarkeit** zu gewährleisten, wenngleich dies durch unternehmensindividuell wahrgenommene Bilanzierungs- und Bewertungsmethoden – mit ihren Auswirkungen auf das Ergebnis – beeinträchtigt wird.

Bei einem zwischenbetrieblichen Vergleich der Ergebnisse des Gewinns je Aktie ist darauf zu achten, dass bei den zu vergleichenden Unternehmen die **Nennwerte** der jeweiligen Aktien betragsidentisch sind. Andernfalls tritt eine Fehlinterpretation der Ergebnisse ein.

> **Beispiel:**
>
> Das Ergebnis je Aktie des vorhergehenden Beispiels der RheinAhrMedic AG soll nun mit einem anderen Unternehmen, der Gesundheits-AG, verglichen werden. Die Gesundheits-AG hat ebenfalls einen Gewinn iHv. 500.000 € erzielt. Sie hat aber insgesamt 500.000 Stammaktien bei einem Grundkapital iHv. 1.000.000 €. Damit ergibt sich ein Nennwert pro Aktie iHv. 2 € (= 1.000.000 € / 500.000 Stammaktien). Das Grundkapital der RheinAhrMedic AG beträgt hingegen 2.000.000 €, so dass der Nennwert je Aktie 10 € beträgt.
>
> Das Ergebnis je Aktie der Gesundheits-AG beträgt 1 € (= 500.000 € / 500.000 Stammaktien).

> Aufgrund der Ergebnisse je Aktie wäre die RheinAhrMedic der Gesundheits-AG vorzuziehen, weil ihr Ergebnis je Aktie mit 2,50 € über dem Ergebnis je Aktie iHv. 1 € liegt. Dies wäre jedoch eine Fehlbeurteilung, wie die Überprüfung anhand der Rendite zeigt:
>
> Die Gesundheits-AG erzielt eine Rendite in Höhe von 50 % bezogen auf das Grundkapital (500.000 € Gewinn / 1.000.000 € Grundkapital). Die RheinAhrMedic AG erwirtschaftet jedoch (nur) eine Rendite in Höhe von 25 % (500.000 € Gewinn / 2.000.000 € Grundkapital).

Beim zwischenbetrieblichen Vergleich bzw. Branchenvergleich muss deshalb der Nennwert einer Aktie als zusätzliches Kriterium der Beurteilung berücksichtigt werden.

Das Problem unterschiedlicher Nennwerte wird umgangen, wenn das **Kurs-Gewinn-Verhältnis (KGV)** herangezogen wird, da in diesem Fall der Börsenkurs einer Aktie durch das Ergebnis je Aktie dividiert wird, so dass die Vorteilhaftigkeit einer Anlage direkt verglichen werden kann.

$$\text{Kurs-Gewinn-Verhältnis (KGV)} = \frac{\text{Aktienkurs}}{\text{Ergebnis je Aktie}}$$

Am Kapitalmarkt werden die Kennzahl Ergebnis je Aktie und das Kurs-Gewinn-Verhältnis (KGV) als wichtige Kennzahlen zur Bewertung von Unternehmen herangezogen.

Das Ergebnis je Aktie verhält sich mathematisch reziprok zum Kurs-Gewinn-Verhältnis. Das Kurs-Gewinn-Verhältnis wird am Kapitalmarkt oftmals für Kauf- und Verkaufsentscheidungen herangezogen. Ein niedriger KGV-Wert indiziert, dass eine Aktie „billig" ist. Zugleich zeigt ein niedriges KGV ein hohes Ergebnis je Aktie an. Insofern wird das Ergebnis je Aktie zu einem Bindeglied zwischen der unternehmerischen Rechnungslegung auf der einen Seite und der Unternehmensbewertung auf dem Kapitalmarkt auf der anderen Seite.

Zur Angabe des Ergebnisses je Aktie sind alle Unternehmen verpflichtet, deren Aktien öffentlich gehandelt werden, die einen Börsengang vorbereiten oder Wandelanleihen oder andere Rechte auf Übertragung von Aktien gewährt haben (**potentielle Stammaktien**[130]; IAS 33.2). Sofern kein öffentlicher Handel der Aktien erfolgt, das Unternehmen sich mithin im Privatbesitz befindet, muss kein Ergebnis je Aktie berechnet und veröffentlicht werden. Sofern Unternehmen jedoch freiwillig das Ergebnis pro Aktie ermitteln, haben sie dies unter Beachtung von IAS 33 vorzunehmen.

Sofern das Unternehmen potentielle Stammaktien aufweist, hat es neben dem (unverwässerten) Ergebnis je Aktie auch das verwässerte Ergebnis je Aktie anzugeben. Die Ergebnisse je Aktie sind auch dann auszuweisen, wenn die Beträge keine Gewinne, sondern Verluste je Aktie darstellen (IAS 33.69).

---

[130] Potentielle Stammaktien sind Finanzinstrumente und sonstige Regelungen, die den Inhaber zum Bezug von Stammaktien berechtigen, wie bspw. Aktienoptionen, Bezugsrechte oder Wandelschuldverschreibungen.

11.1 Unverwässertes Ergebnis je Aktie

Nach IAS 33.10 ergibt sich das unverwässerte Ergebnis je Aktie (basic earnings per share) durch folgende Formel:

$$\text{Unverwässertes Ergebnis je Aktie} = \frac{\text{Periodenergebnis} - \text{Dividende an Vorzugsaktionäre}}{\text{Ø Anzahl im Umlauf befindlicher Stammaktien während des GJ}}$$

Das Periodenergebnis als Bestandteil des Zählers kann sowohl Gewinn (Jahresüberschuss) als auch als Verlust (Jahresfehlbetrag) sein und muss alle Posten umfassen, die während der abgelaufenen Periode in der GuV berücksichtigt sind. Insofern enthält das Periodenergebnis auch alle außerordentlichen Sachverhalte, Steuern, Zinsen, erfolgswirksame Bilanzierungs- oder Bewertungsänderungen oder auf die Minderheitsgesellschafter entfallende Ergebnisanteile (IAS 33.13). Durch die Einbeziehung sämtlicher GuV-verbuchter Geschäftsvorfälle werden Abgrenzungsprobleme vermieden, so dass das Periodenergebnis dem Jahresergebnis oder bei kürzeren Intervallen dem Quartals- oder Halbjahresergebnis bei Zwischenberichterstattungen entspricht.

Von dem Periodenergebnis werden die Dividenden an **Vorzugsaktionäre** abgezogen. Dies aber nur, wenn sie **nicht** am **Liquidationserlös** der Unternehmung beteiligt sind. Der Grund dafür ist, dass das Ergebnis je Aktie sich nur auf die **Stammaktien** bezieht. Weitere Aktiengattungen, wie bspw. die Vorzugsaktien, dürfen nicht berücksichtigt werden.

Bei der Ermittlung der **durchschnittlichen Anzahl** der sich während des Geschäftsjahres im Umlauf befindlichen Stammaktien sind eigene gehaltene Aktien nicht zu berücksichtigen. Ferner ist bei der Ermittlung der durchschnittlichen Anzahl das gewogene Mittel des Geschäftsjahres **taggenau** zu berechnen. Insofern ist bei der Ermittlung der Anzahl der Stammaktien festzustellen, ob sich die Anzahl im Laufe des Geschäftsjahres verändert hat. Ist dies nicht der Fall, entspricht die Anzahl zum Abschlussstichtag der durchschnittlichen Anzahl sich im Umlauf befindlicher Stammaktien des Geschäftsjahres.

Praktisch ermittelt sich die durchschnittliche Anzahl der Stammaktien wie folgt:
- Stammaktien, die während des gesamten Geschäftsjahres in Umlauf waren, werden mit 365 Tagen multipliziert;
- während des Geschäftsjahres ausgegebene Aktien werden ab dem Emissionszeitpunkt tageweise berücksichtigt;
- Aktien, die durch die bilanzierende Unternehmung zurückgekauft wurden, werden mindernd erfasst bzw. sie werden bis zu ihrem Rückkaufzeitpunkt tageweise berücksichtigt.

Anschließend wird die Summe der mit den Tagen gewichteten Aktien durch 365 Tage geteilt.

> Beispiel:
>
> Eine Aktiengesellschaft hat für das abgelaufene Geschäftsjahr ein Jahresüberschuss iHv. 1.356.489 € erwirtschaftet. Hierauf entfallen 416.000 € Vorzugsdividende auf die Vorzugsaktien. Die Unternehmung hatte zu Beginn des abgelaufenen Geschäftsjahres 5.000 Stammaktien ausgegeben, wovon sie 400 Stück selber hielt. Der Rest war in Umlauf. Am 15. März des abgelaufenen Geschäftsjahres emittierte sie 1.000 neue Stammaktien auf dem Kapitalmarkt und kaufte am 5. September an der Börse 200 Stammaktien über die Hausbank zurück. Die nachfolgende Tabelle zeigt zusammenfassend die Bewegungen für das abgelaufene Geschäftsjahr:
>
> | Datum | Bewegung Stammaktien | ausgegebene Stammaktien | eigene Stammaktien | ausstehende Stammaktien |
> |---|---|---|---|---|
> | 01.01. | Anfangsbestand | 5.000 | 400 | 4.600 |
> | 15.03. | Ausgabe neuer Aktien | 1.000 | | + 1.000 |
> | 05.09. | Rückkauf von eigenen Aktien | | 200 | - 200 |
> | 31.12. | Schlussbestand | 6.000 | 600 | 5.400 |
>
> Aufgabe: Ermitteln Sie das unverwässerte Ergebnis je Aktie!
>
> Lösung:
>
> Für die Berechnung des unverwässerten Ergebnisses je Aktie ist zuvor die Ermittlung der durchschnittlichen Stammaktienanzahl erforderlich. Sie ergibt sich wie folgt:
>
> (4.600 Stammaktien x 365 Tage / 365 Tage) + (1.000 St.-aktien x 291 Tage[131] / 365 Tage) – (200 St.-aktien x 117 Tage[132] / 365 Tage) = 5.333 Stammaktien
>
> Die durchschnittliche Stammaktienanzahl beträgt 5.333 Aktien für das Geschäftsjahr.
>
> Unverwässerte Ergebnis je Aktie = 176,35 €/Aktie
> = (1.356.489 € - 416.000 €) / 5.333 durchschnittliche Stammaktien

11.2 Verwässertes Ergebnis je Aktie

Bei der Ermittlung des verwässerten Ergebnisses je Aktie (diluted earnings per share) wird unterstellt, dass sämtliche **potentielle Stammaktien** auch tatsächlich ausgegeben werden.

Der **Verwässerungseffekt** tritt dadurch ein, dass der vorhandene Gewinn nunmehr auf eine größere Anzahl von Stammaktien zu verteilen ist, was im Ergebnis ein Sinken des Ergebnis-

---

[131] 291 Tage entsprechen dem Zeitraum vom 15.3. bis 31.12.

[132] 117 Tage entsprechen dem Zeitraum vom 5.9. bis 31.12.

11.2 Verwässertes Ergebnis je Aktie

ses je Aktie zur Folge hat. Zu berücksichtigen ist hierbei aber, dass bspw. bei der Ausübung des Wandlungsrechtes von Wandelschuldverschreibungen (die festverzinsliche Anleihe wird getauscht in Stammaktien) die Anleihe untergeht und in Folge die Zinszahlungen darauf für die Unternehmung entfallen. Dies führt ceteris paribus zu einer Entlastung des Gewinns, da keine Aufwandsverrechnungen in Form der Zinszahlungen mehr erfolgen, im Vergleich der Gewinn damit also höher ist.

Bei einer Ausgabe neuer Stammaktien gegen Mittelzufluss erhöht sich zwar sofort das Stammkapital (gezeichnetes Kapital), der Gewinn in der Regel aber durch den Einsatz des neuen Kapitals nur verzögert. Auch hier tritt der Verwässerungseffekt zunächst wieder ein, dass ein vorhandener (unveränderter) Gewinn auf eine höhere Anzahl von Stammaktien zu verteilen ist. Der auf eine Aktie entfallende Gewinn wird somit geringer (verwässert).

Die Berechung des verwässerten Ergebnisses je Aktie erfolgt durch folgende Formel:

$$\text{Verwässertes Ergebnis je Aktie} = \frac{\text{Gewinn} + \text{ersparte Anleihezinsen nach Steuern} - \text{Gewinnanteil der Vorzugsaktionäre}}{\emptyset \text{ Stammaktien} + \emptyset \text{ potentielle Stammaktien}}$$

Das verwässerte Ergebnis je Aktie ist auch nur zu ermitteln, sofern die Unternehmung potentielle Stammaktien besitzt. Die rechnerische Ermittlung des verwässerten Ergebnisses je Aktie erfolgt zunächst wie beim unverwässerten. Zusätzlich sind jedoch Gewinnauswirkungen aus der Kapitalveränderung und die Anpassungen der Aktienanzahl auf Grund der potentiellen Stammaktien vorzunehmen. Nachfolgende zwei Beispiele zeigen die Berechnung:

Beispiel:

Eine Aktiengesellschaft hat seit Jahren 2.000 Stammaktien und 500 Vorzugsaktien in Umlauf. Am 01.07. des laufenden Geschäftsjahres hat die Gesellschaft 1.000 Wandelanleihen mit einem Umtauschverhältnis in Stammaktien von eins zu eins auf dem Kapitalmarkt platziert. Der frühestmögliche Umtauschzeitpunkt der Wandelanleihen in Aktien ist der 1.7. des laufenden Geschäftsjahres. Der Zinsaufwand für die Wandelanleihen beträgt für das Geschäftsjahr

- Fall a): 40.000 €
- Fall b): 20.000 €

Der Gewinn nach Steuern des laufenden Geschäftsjahres beträgt 80.000 €. Der Ertragssteuersatz der AG beträgt 40%. Den Vorzugsaktionären steht eine Vorzugsdividende iHv. 1,50 €/Vorzugsaktie zu.

Aufgabe: Ermitteln Sie das Ergebnis je Aktie bzw. das verwässerte Ergebnis je Aktie!

Lösung:

Zunächst ist die durchschnittliche Anzahl der Aktien unter Berücksichtigung des frühestmöglichen Umwandlungszeitpunktes der Wandelanleihen wie folgt zu ermitteln:
(2.000 Stammaktien x 365 Tag/365 Tage) + (1.000 potentielle Stammaktien x 183 Tage/365 Tage) = 2.501 durchschnittliche Aktienanzahl

Fall a)

Unter Berücksichtigung eines Zinsaufwandes iHv. 40.000 € ergeben sich folgende Ergebnisse je Aktie:

Ergebnis je Aktie = 39,63 €

= (80.000 € Gewinn − 500 Vorzugsaktien x 1,50 € Vorzugsdividende) / 2.000 Stammaktien

Verwässertes Ergebnis je Aktie = 41,28 €

= (80.000 € Gewinn + 40.000 € Zinsersparnis − 40 % Ertragssteuersatz x 40.000 Zinsersparnis − 500 Vorzugsaktien x 1,50 Vorzugsdividende) / 2.501 Stammaktien

Im Fall der Wandlung findet aufgrund der eingesparten Zinsen – trotz Berücksichtigung der Ertragssteuern und potentiellen Stammaktien – keine Verwässerung statt, weil das verwässerte Ergebnis je Aktie betraglich über dem (unverwässerten) Ergebnis je Aktie liegt. Insofern findet keine Benachteiligung der Altaktionäre statt. Die Wandelanleihen sind bei der Berechnung des verwässerten Ergebnisses je Aktie nicht zu berücksichtigen.

Fall b)

Unter Berücksichtigung eines Zinsaufwandes iHv. 20.000 € ergeben sich folgende Ergebnisse je Aktie:

Ergebnis je Aktie = 39,63 €

= (80.000 € Gewinn − 500 Vorzugsaktien x 1,50 € Vorzugsdividende) / 2.000 Stammaktien

Verwässertes Ergebnis je Aktie = 36,49 €

= (80.000 € Gewinn + 20.000 € Zinsersparnis − 40 % Ertragssteuersatz x 20.000 Zinsersparnis − 500 Vorzugsaktien x 1,50 Vorzugsdividende) / 2.501 Stammaktien

Die Wandelanleihen verwässern den Gewinn. Es ist daher das verwässerte Ergebnis iHv. 36,49 € anzugeben.

Quelle in Anlehnung an: Grünberger David/ Grünberger Herbert: Ein systematischer Praxis-Leitfaden, 3. Auflage, Herne/ Berlin 2002, S. 89 f.

Potentielle Stammaktien sind nur dann zu berücksichtigen, wenn sie das Ergebnis je Aktie verwässern (IAS 33.41). Im Umkehrschluss sind damit Finanzinstrumente bei der Ermittlung des verwässerten Ergebnisses je Aktie nicht zu berücksichtigen, wenn sie das Ergebnis je Aktie erhöhen (IAS 33.50).

Eine Verwässerung tritt immer dann ein, wenn neue Aktien unter ihrem Marktwert emittiert werden.

> Beispiel:
> Eine Aktiengesellschaft hat seit Jahren 2.000 Stammaktien im Umlauf. Im laufenden Geschäftsjahr sind 1.000 Aktienoptionen in Umlauf mit einem Ausübungspreis iHv. 200 € pro Option. Der durchschnittliche Marktwert pro Aktie beträgt im laufenden Geschäftsjahr 400 €. Der Gewinn der Unternehmung beträgt 80.000 €.
>
> Aufgabe: Stellen Sie fest, ob die Aktienoptionen das Ergebnis je Aktie verwässern!
>
> Lösung:
> *Ergebnis je Aktie* = 40 € = 80.000 € Gewinn / 2.000 Stammaktien
>
> *Verwässertes Ergebnis je Aktie* = 32 € = 80.000 € Gewinn / 2.500 Stammaktien
>
> Der Ausübungspreis in Höhe 200 € liegt unter dem Marktpreis von 400 €. Von daher führen die Aktienoptionen zur Verwässerung, was auch durch vorstehende Rechnung bestätigt wird.
>
> Durch Ausübung der Aktienoptionen entsteht ein Emissionserlös iHv. 200.000 € (1.000 Aktienoptionen x 200 € Ausübungspreis/Aktie). Damit könnten 500 Aktien (200.000 € / 400 €) zurückgekauft werden. Die verbleibenden 500 Aktien verwässern das Stammkapital.
>
> Quelle in Anlehnung an: Grünberger David/ Grünberger Herbert: Ein systematischer Praxis-Leitfaden, 3. Auflage, Herne/ Berlin 2002, S. 89

11.3 Aussagegehalt der Kennzahl Ergebnis je Aktie

Durch die Ergebnisse je Aktie soll eine vergleichende Beurteilung der **Ertragskraft** ermöglicht werden.

Durch das **verwässerte Ergebnis je Aktie** erkennt der Abschlussadressat inwieweit sich das **Ergebnis je Aktie** reduzieren würde, wenn **alle potentiellen Stammaktien** auch tatsächlich umgetauscht werden.

Die Ergebnisse je Aktie sind letztlich eine Variante der Kennzahl **Rendite**, weil die Erfolgsgröße in das Verhältnis zur Verursachungsgröße gesetzt wird. Hierdurch soll im Zeitablauf die Veränderung des Erfolges in Bezug auf das eingesetzte Kapital deutlich werden.

Die Ergebnisse der Kennzahl werden auf Grundlage des Jahresergebnisses ermittelt, das vergangenheitsorientiert ist. Sofern die Kennzahl für Prognosezwecke eingesetzt wird, ist zu berücksichtigen, dass in der Zukunft die Nachhaltigkeit durch einmalige oder außerordentliche Erfolgsbestandteile beeinflusst werden kann. Ebenso beeinträchtigen möglicherweise Steuereffekte durch Betriebsprüfungen, Rechtsänderungen oder Verlustvorträge die Prognosefähigkeit bzw. den Zeitvergleich.

Bei einem Unternehmensvergleich mittels des Ergebnisses der Kennzahl *Ergebnis je Aktie* ist zu berücksichtigen, dass die Kapitalstruktur (also die Ausstattung der Unternehmung mit Eigen- und Fremdkapital) das Ergebnis der Kennzahl beeinflusst. Bei einem hohen Fremdkapitalanteil sinkt der Gewinn pro Aktie durch den hohen Fremdkapitalzinsanteil im Vergleich zu einer Unternehmung, die überwiegend mit Eigenkapital finanziert ist und demzufolge einen geringeren Zinsaufwand und damit einen höheren Gewinn aufweist.

Das Ergebnis je Aktie ist nur eine von mehreren möglichen Kennzahlen zur Beurteilung der Leistungsfähigkeit einer Unternehmung und sollte auf Grund der möglichen Einschränkungen nicht isoliert als Beurteilungsmaßstab herangezogen werden. Die im IFRS/IAS-Regelungswerk vorhandenen Bilanzierungs- und Bewertungsmethoden ermöglichen dem bilanzierenden Unternehmen eine Beeinflussung der Gewinnhöhe, die dann in Folge auf das Ergebnis je Aktie durchschlägt. Insofern sollte neben der Betrachtung der zu Grunde liegenden Bilanzierungs- und Bewertungsmethoden auch eine Vermögensanalyse sowie eine Beurteilung der operativen Entwicklung neben der Kennzahl Ergebnis je Aktie erfolgen, wobei aber auch die Ergebnisse der Kapitalflussrechnung einzubeziehen sind.

Zusammenfassung
Kapitalmarktorientierte Unternehmen haben das unverwässerte und ggf. das verwässerte Ergebnis je Aktie in der Gewinn- und Verlustrechnung des IFRS/IAS-Abschlusses zwingend anzugeben (IAS 33.66 iVm. IAS 33.2).

Bei der Verwendung der Kennzahl *Ergebnis je Aktie* im Unternehmensvergleich ist darauf zu achten, dass die Anteile am Stammkapital sich betraglich **nominell** entsprechen.

Fragen und Lösungen
1. Welchen Aussagegehalt hat die Kennzahl *Ergebnis je Aktie*?
2. Die Kennzahl gibt an, welcher Gewinnbetrag, auf die einzelne Stammaktie der Gesellschaft entfällt. Hierdurch soll eine unternehmensübergreifende Vergleichbarkeit ermöglicht werden.
3. Welche Ausprägungsformen der Kennzahl *Ergebnis je Aktie* gibt es nach IFRS/IAS?
4. Es gibt das *unverwässerte Ergebnis je Aktie* und das *verwässerte Ergebnis je Aktie*. Das *verwässerte Ergebnis* je Aktie muss immer dann von der Unternehmung errechnet und veröffentlicht werden, wenn die Gesellschaft potentielle Stammaktien aufweist. Ansonsten genügt die Angabe des *unverwässerten Ergebnisses* je Aktie.
5. Was sagt das *verwässerte Ergebnis je Aktie* aus?
6. Das *verwässerte Ergebnis je Aktie* gibt ebenfalls den Gewinnbetrag an, der auf die einzelne Stammaktie entfällt. Hierbei werden rechnerisch aber auch die Stammaktien mit einbezogen, die es im Moment gar nicht gibt, für die es aber eine "Entstehensoption" gibt. Es wird also so getan, als ob alle Optionen, die eine Wandlung in Stammaktien ermöglichen, auch tatsächlich ausgeübt werden. Hierdurch erkennt der Jahresabschlussleser im Vergleich mit der Kennzahl *unverwässertes Ergebnis je Aktie*, inwieweit sich der Gewinnanteil pro Stammaktie – bei Ausübung sämtliche Optionsrechte – verändern würde.

12 Kapitalflussrechnung

Die Kapitalflussrechnung zeigt, **wie** das Unternehmen finanzielle Mittel „erwirtschaftet" oder „beschafft" hat und **welche** Investitionen und Finanzierungsmaßnahmen damit vorgenommen wurden.

Damit hat die Kapitalflussrechnung die Aufgabe zusätzlich zu Bilanz, GuV sowie Anhang ergänzende Informationen über die **finanzielle Entwicklung** eines Unternehmens zu geben, die aus dem Jahresabschluss nicht oder nur mittelbar entnommen werden können. Insofern wird die Kapitalflussrechnung auch als dritte Jahresrechnung (neben Bilanz und Gewinn- und Verlustrechnung) zur Darstellung der Finanzlage genannt, weil sie **Mittelherkunft** und **Mittelverwendung** zeigt. Die Kapitalflussrechnung kann auch als Fortentwicklung des Cash flows aufgefasst werden, der an der Schwäche leidet, dass er eben nur die Mittelherkunft, nicht aber die Mittelverwendung aufzeigt. International wird die Kapitalflussrechnung als **statement of Cash flows** bezeichnet.

12.1 Aufbau und Struktur der Kapitalflussrechnung

Die Kapitalflussrechnung ist **Pflichtbestandteil** des IFRS/IAS-Jahresabschlusses (IAS 1.8). Sie besteht aus zwei Bereichen (Rechnungen):
- Fondsveränderungsrechnung
- Ursachenrechnung

Die **Fondsveränderungsrechnung** (Finanzmittelfond) zeigt bzw. umfasst nur Zahlungsmittel und Zahlungsmitteläquivalente.

Zahlungsmittel sind liquide Mittel wie der Kassenbestand oder jederzeit fällige Bankguthaben, Schecks sowie täglich und ohne Wertabschlag abrufbare Sichteinlagen bei Banken. **Zahlungsmitteläquivalente** stellen Liquiditätsreserven dar, die jederzeit und ohne größere Wertabschläge in liquide Mittel umgewandelt werden können und die eine Restlaufzeit von nicht mehr als drei Monate haben wie bspw. Wertpapiere, Festgelder oder Geldmarktpapiere, die jederzeit in Zahlungsmittelbeträge umgewandelt werden können.

Die **Ursachenrechnung** erklärt die Änderung des **Finanzmittelfonds**, die sich zwischen dem Anfangs- und Endbestand der Berichtsperiode ergeben hat, durch drei einzelne Cash flow-Rechnungen:
- Cash flow aus **laufender Geschäftätigkeit** (operating activities)
- Cash flow aus **Investitionstätigkeit** (investing activities)
- Cash flow aus **Finanzierungstätigkeit** (financing activities)

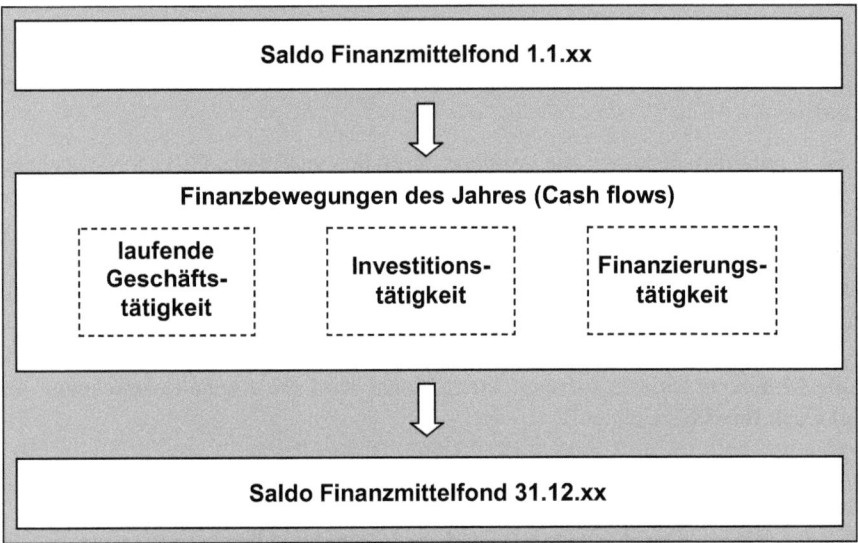

Abb. 12.1: Bestandteile/ Aufbau der Kapitalflussrechnung
Quelle in Anlehnung an: Tanski, Joachim: Internationale Rechnungslegungsstandards, 1. Auflage, München 2002, S. 80

12.2 Cash flow aus laufender Geschäftstätigkeit

Die laufende Geschäftstätigkeit umfasst sämtliche Tätigkeiten eines Unternehmens, die zur Erzielung von Erlösen beitragen sowie alle übrigen Aktivitäten, die nicht den Bereichen der Investitions- und Finanzierungstätigkeit zuzurechnen sind. Der Cash flow aus laufender Geschäftstätigkeit gibt damit an, wie weit das Unternehmen Zahlungsmittel zur Finanzierung von Investitionen und zur Bedienung des Kapitals (Eigen- und Fremdkapital) erwirtschaften kann. Hierzu zählen insbesondere folgende Ein- und Auszahlungen:
- Zahlungseingänge aus der Veräußerung von Produkten und der Erbringung von Dienstleistungen sowie Nutzungsentgelte, Honorare, Provisionen oder andere Erlöse,
- Zahlungen an Lieferanten für Vorleistungen (Güter und Dienstleistungen),
- Zahlungen der Löhne und Gehälter,

- Erstattungen oder Zahlungen von Ertragssteuern, sofern diese nicht dem Finanzierungs- oder Investitionsbereich zuzuordnen sind,
- sonstige Ein- und Auszahlungen, die nicht der Investitions- oder der Finanzierungstätigkeit zuordbar sind.

12.3 Cash flow aus Investitionstätigkeit

Im Cash flow aus Investitionstätigkeit sind alle Zahlungen zu berücksichtigen, die das Unternehmen im Rahmen der Anschaffung oder Herstellung von Anlagevermögen tätigt sowie die, die sie aus der Veräußerung von Vermögenswerten des Anlagevermögens erhält. Hierzu gehören Einzahlungen aus dem Abgang von Vermögensgegenständen des Sachanlagevermögens (**Desinvestitionen**) sowie die Anschaffungsauszahlungen für den Kauf von Betriebsmitteln (Investitionen).

Die Auszahlungen im Cash flow für Investitionstätigkeiten repräsentieren damit regelmäßig Investitionsgüter, die der **Erzielung zukünftiger Cash flows** dienen.

Bei Unternehmen, die Wachstumsvorsorge durch Neu- oder Ersatzinvestitionen tätigen, ist der Cash flow aus Investitionstätigkeit negativ. Sollte der Saldo positiv sein, bedeutet dies, dass die Erlöse aus Desinvestitionen größer waren als die im Geschäftsjahr getätigten Investitionen, was grundsätzlich als Warnsignal für weitere Betrachtungen gilt. Bei der Investitionstätigkeit ist besonders darauf zu achten, ob ein Erwerb oder Verkauf von Unternehmen, Beteiligungen oder Anteilen an anderen Unternehmen erfolgte, dies zeigt strategische Entscheidungen/ Ausrichtungen des Unternehmens.

12.4 Cash flow aus Finanzierungstätigkeit

Im Cash flow aus Finanzierungstätigkeit sind alle Ein- und Auszahlungen zu berücksichtigen, die auf der **Gesellschafterebene** und mit **Fremdkapitalgebern** angefallen sind.

Zu Ein- und Auszahlungen auf der Gesellschafterebene kommt es bei Kapitalerhöhungen, Zuschüssen (Nachschüssen) der Gesellschafter, Kapitalrückzahlungen oder Ausschüttungen.

Zu Ein- und Auszahlungen im Zusammenhang mit den Fremdkapitalgebern kommt es bei der Aufnahme und Tilgung von Krediten. Zinszahlungen sind dem Cash flow aus laufender Geschäftstätigkeit zuzuordnen, sofern sie betrieblich bedingt sind.

In IAS 7.17 werden folgende Beispiele zu Ein- und Auszahlungen des Cash flows aus Finanzierungstätigkeit aufgeführt:
- Einzahlungen aus der Ausgabe von Anteilen oder anderen Eigenkapitalinstrumenten,
- Auszahlungen durch den Rückkauf von eigenen Anteilen,
- Einzahlungen aus der Ausgabe von Schuldverschreibungen, Schuldscheinen und Rentenpapieren sowie aus der Aufnahme von Darlehen, Hypotheken oder anderer Ausleihungen,
- Auszahlungen für die Tilgung von Ausleihungen.

12.5 Ermittlungsmethoden des Cash flows (Zahlungsströme)

Die Ermittlung der jeweiligen Ein- und Auszahlungen der einzelnen Cash flow-Fonds (laufende Geschäftstätigkeit, Investitionstätigkeit, Finanzierungstätigkeit) kann direkt oder indirekt erfolgen.

Bei der **direkten Methode**, die nur unternehmensinterne Personen durchführen können, ergeben sich die einzelnen Cash flows aus der Beurteilung der **einzelnen Geschäftsvorfälle**, ob sie zahlungswirksam oder nicht zahlungswirksam waren. Nur die **zahlungswirksamen** Geschäftsvorfälle werden in den Cash flow-Ermittlungen berücksichtigt, da der Cash flow definitionsgemäß den Einzahlungsüberschuss der Einzahlungen über die Auszahlungen angibt und eben nicht auf nichtzahlungswirksame Vorgänge abstellt.

Die **indirekte Ermittlungsmethode** der Cash flows ist ebenso zulässig und in der Praxis bei Jahresabschlussanalysen weit verbreitet, weil unternehmensfremde Personen als Externe die Zahlungswirksamkeit der meisten im Unternehmen aufgetretenen Geschäftsvorfälle nicht beurteilen können. Beim Cash flow aus laufender Geschäftstätigkeit wird bspw. vom **Jahresergebnis** ausgegangen, dem alle bekannten **zahlungsunwirksamen Aufwendungen** hinzuaddiert und von dem alle bekannten **zahlungsunwirksamen Erträge** subtrahiert werden (vgl. nachstehende Abbildung).

12.6 Darstellungs- bzw. Gliederungsform der Kapitalflussrechnung

```
Cash flow aus laufender Geschäftstätigkeit

      Jahresüberschuss/ Jahresfehlbetrag
  +   Abschreibungen des Anlagevermögens
  -   Zuschreibungen des Anlagevermögens
  +   Zunahme von Rückstellungen
  -   Abnahme von Rückstellungen
  +   Sonstiger zahlungsunwirksamer Aufwand
  -   Sonstiger zahlungsunwirksamer Ertrag
  -   Zunahme von Vorräten und Forderungen
  +   Abnahme von Vorräten und Forderungen
  +   Zunahme von Verbindlichkeiten
  -   Abnahme von Verbindlichkeiten

  =   Cash flow aus laufender Geschäftstätigkeit
```

Abb. 12.2: Beispielhafte indirekte Ermittlung des Cash flows aus laufender Geschäftstätigkeit

12.6 Darstellungs- bzw. Gliederungsform der Kapitalflussrechnung

Die kommende Abbildung zeigt die Ursachenrechnung mit ihren drei Cash flows sowie die Fondsveränderungsrechnung. Der sich aus der Ursachenrechnung ergebende Saldo (Veränderung liquider Mittel im Geschäftsjahr) entspricht der Veränderung des Finanzmittelfonds zwischen Geschäftsjahresanfang und -ende.

Die Ursachenrechnung erklärt nun die Veränderung des Finanzmittelfonds durch Angabe der einzelnen Postenveränderungen und zeigt damit zugleich auf, wie das Unternehmen finanzielle Mittel „erwirtschaftet/ beschafft" hat und welche Investitionen und Finanzierungsmaßnahmen damit vorgenommen wurden.

Die in der Abbildung enthaltenen Rechenposten sind beispielhaft und müssen ggf. an die unternehmensindividuellen Verhältnisse durch Erweiterungen/ Ergänzungen bzw. Kürzungen angepasst werden. Hierbei ist immer diejenige Darstellung zu wählen, welche die Abschlussadressaten bestmöglich über die Finanzlage informiert.

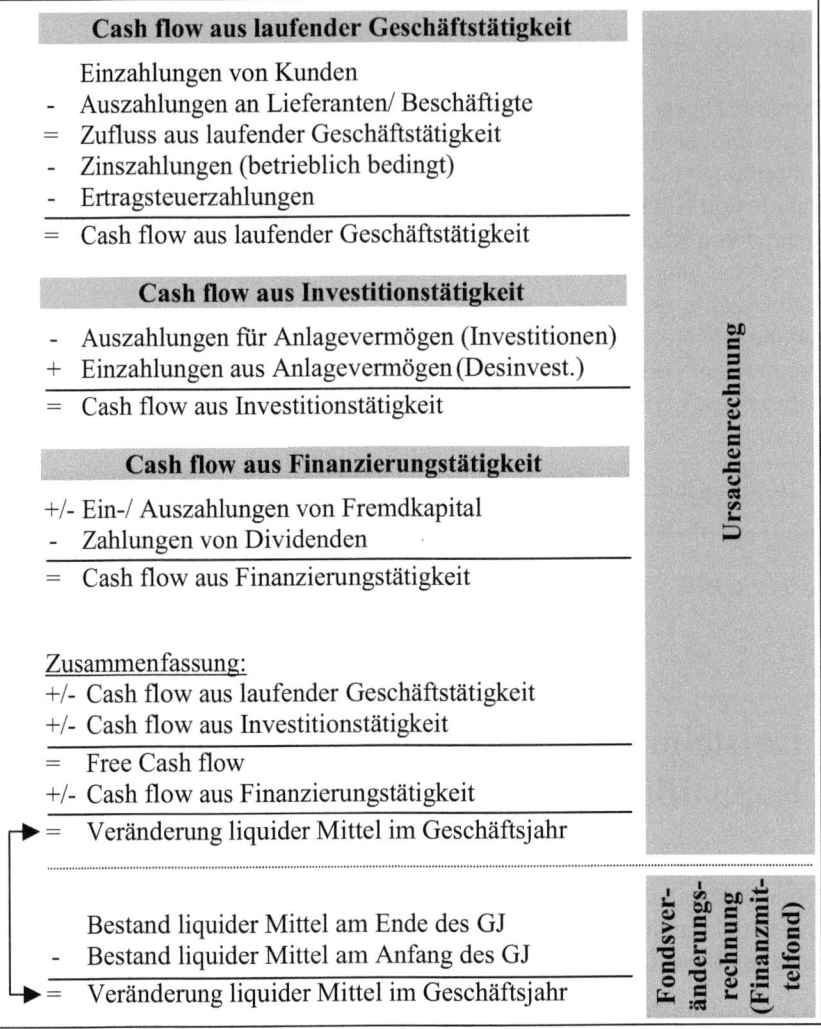

Abb. 12.3: Aufbau der Kapitalflussrechnung

Die vorstehende Kapitalflussrechnung bildet die Zahlungsmittel eines gesamten Jahres ab. Der Zahlungsmittelbedarf bzw. Zahlungsmittelbestand kann durch eine Kapitalflussrechnung für einen bestimmten Zeitpunkt innerhalb des Geschäftsjahres nicht bestimmt werden.[133] Es kann nur insgesamt festgestellt werden, dass der Zahlungsmittelbestand im Geschäftsjahr zu- oder abgenommen hat und mit welchen Unternehmensbereichen dies ursächlich im Zusammenhang steht.

---

[133] Hierzu bedarf es eines Finanzplans, der die unternehmerischen Ein- und Auszahlungen unter Berücksichtigung ihrer jeweiligen Zahlungszeitpunkte staffelt.

Zusammenfassung

Eine Kapitalflussrechnung ist im IFRS/IAS-Abschluss Pflichtbestandteil. Die einzelnen Zahlungen sind den Cash flows aus laufender Geschäftstätigkeit, Investitionstätigkeit und Finanzierungstätigkeit zuzuordnen. Die Salden von allen drei Cash flows zusammen ergeben die Veränderung des Finanzmittelfonds, der nur aus Zahlungsmitteln und Zahlungsmitteläquivalenten besteht.

Es gibt zwei Cash flow-Ermittlungsmöglichkeiten:
- Direkte Methode: Cash flow = Einzahlungen - Auszahlungen
- Indirekte Methode: Cash flow = Jahresüberschuss +/- Korrekturen

Bei der direkten Methode wird jeder einzelne Geschäftsvorfall auf seine Zahlungsmittelwirksamkeit hin untersucht. Dies hat z.B. zur Folge, dass bei jedem Warenverkauf geprüft werden muss, ob dem Unternehmen Zahlungsmittel zufließen oder nicht. Diese Erstellungsmethode ist folglich sehr arbeitsintensiv, weshalb die indirekte Methode bevorzugt wird.

Fragen und Lösungen

1. Was zeigt die Kapitalflussrechnung dem Jahresabschlussleser?
   Durch die Kapitalflussrechnung kann der Jahresabschlussleser erkennen, in welchen Bereichen das Unternehmen finanzielle Mittel erwirtschaftet bzw. beschafft hat und in welchen sie diese wieder ausgegeben hat.

2. Wie ist die Kapitalflussrechnung aufgebaut?
   Die Kapitalflussrechnung besteht aus zwei einzelnen Rechnungen: der *Fondsveränderungsrechnung* und der *Ursachenrechnung*. Die *Fondsveränderungsrechnung* zeigt die Zahlungsmittel und Zahlungsmitteläquivalente zu Beginn und Ende des Geschäftsjahres, woraus die Jahresveränderung als Saldo errechenbar ist. Diese Jahresveränderung der liquiden Mittel und der Zahlungsmitteläquivalente wird durch die *Ursachenrechnung* im Detail aufgezeigt. Die *Ursachenrechnung* setzt sich aus drei einzelnen, verschiedene betriebliche Bereiche berücksichtigende Cash flow-Rechnungen zusammen. Aus dem Cash flow aus laufender Geschäftstätigkeit, dem Cash flow aus Investitionstätigkeit und dem Cash flow aus Finanzierungstätigkeit. Die Salden dieser drei Cash flows aus Einzahlungen abzüglich Auszahlungen ergeben dann in Summe die Jahresveränderung der Fondsveränderungsrechnung.

13 Anhang

Der Anhang ist Pflichtbestandteil eines vollständigen IFRS/IAS-Einzel- wie auch Konzernabschlusses. Er steht gleichberechtigt neben Bilanz, GuV, Eigenkapitalveränderungsrechnung und Kapitalflussrechnung.

Bei der Aufstellung des Anhangs gibt es weder größen- oder rechtsformabhängige Erleichterungen noch Schutzklauseln. Insofern haben in Abweichung zum Handelsrecht alle Unternehmen – losgelöst von ihrer Rechtsform und Branche – einen Anhang als Pflichtbestandteil des Abschlusses aufzustellen.

Der IFRS/IAS-Anhang hat als **Informationsinstrument** eine erheblich größere Bedeutung als im Handelsrecht. Neben der Angabe der Bilanzierungs- und Bewertungsmethoden sowie erläuternden Angaben soll er einen **wertorientierten Einblick in die Vermögens-, Finanz- und Ertragslage** der Gesellschaft ermöglichen und ihre **Veränderungen** im Zeitablauf aufzeigen. Dementsprechend stellen die Angabepflichten darauf ab, die bilanzpolitischen Maßnahmen für die Abschlussleser transparent zu machen und Unternehmensvergleiche zu ermöglichen.

Der IFRS/IAS-Anhang erfüllt ebenso wie auch der handelsrechtliche Anhang folgende Funktionen:
- Erläuterungsfunktion
- Entlastungsfunktion
- Ergänzungsfunktion

Bei der **Erläuterungsfunktion** werden die **Bilanzierungs- und Bewertungsmethoden** sowie die **Grundlagen des Abschlusses** dargestellt. Sofern für bestimmte Angaben in den übrigen Abschlussbestandteilen, bspw. Bilanz oder GuV, kein Raum für weitergehende Angaben vorhanden ist, können diese im Anhang erfolgen, wodurch die übrigen Abschlussbestandteile entlastet werden (Entlastungsfunktion).

Die Angaben zu den **Bilanzierungs- und Bewertungsmethoden** umfassen bspw. folgende Angaben:
- Anschaffungs- und Herstellungskosten
- Tageswerte
- Veräußerungswerte
- beizulegende Zeit- oder Barwerte

Die Angaben haben nicht für jeden einzelnen Abschlussposten zu erfolgen, es ist ausreichend, wenn sie für die Vermögens- bzw. Schuldengruppen erfolgen. Ebenso ist über Bilan-

zierungs- und Bewertungsmethoden zu berichten, sofern sie dem Bilanzierenden Wahlrechte einräumen, wie bspw.:
- Bewertung von Sachanlagen nach den Anschaffungs- oder Herstellungskosten bzw. nach der Neubewertungsmethode,
- Aktivierung oder aufwandswirksame Verrechnung von Fremdkapitalkosten bei qualifizierten Vermögenswerten[134] und
- die Angabe aller Ermessensentscheidungen des Bilanzierenden, die er bei einzelnen Bilanzierungs- und Bewertungsmethoden getroffen hat, sofern sie einen wesentlichen Einfluss auf die Vermögens-, Finanz- und Ertragslage der Gesellschaft nehmen (IAS 1.114).

Die Angaben zu den **Grundlagen des Abschlusses** umfassen bspw.:
- Angabe zur Übereinstimmung des Abschlusses mit IFRS (IAS 1.14),
- Angabe von angewendeten IFRS, die noch nicht in Kraft getreten sind,
- erstmalige Anwendung der IFRS,
- Abweichung von den IFRS,
- Abweichung von der Annahme der Unternehmensfortführung,
- Änderung des Abschlussstichtages.

Die **Ergänzungsfunktion** des Anhangs kommt immer dann zum Tragen, wenn keine speziellen Angabepflichten bestehen, die Angaben jedoch notwendig sind, um die Auswirkungen von Vorkommnissen auf die Vermögens-, Finanz- und Ertragslage der Gesellschaft zu vermitteln bzw. für die Abschlussadressaten verständlich zu machen. Insofern ist der IFRS/IAS-Anhang umfassender und informativer als der handelsrechtliche. Hervorgerufen wird dies durch eine größere Anzahl von geforderten Pflichtangaben und Informationen.

Die Anhangangaben erfordern von Art und Umfang her verbale Darstellungen sowie Erläuterungen oder Zahlenangaben in Form von detaillierten Aufgliederungen der Posten von Bilanz, GuV, Kapitalflussrechnung und Eigenkapitalveränderungsrechnung. Die verbalen und beschreibenden Informationen sind grundsätzlich nur für das aktuelle Geschäftsjahr zu geben (IAS 1.36), sofern für das Verständnis des Abschlusses keine älteren Informationen notwendig sind. Hiervon unberührt ist die Angabe der **Vorjahreszahlenwerte** für Vergleichszwecke.

---

[134] Nach IAS 23.4 liegt ein qualifizierter Vermögenswert vor, wenn für die Erlangung der beabsichtigten Gebrauchs- oder Verkaufsfähigkeit des Vermögenswertes ein beträchtlicher Zeitraum erforderlich ist, wie dies bspw. bei der Errichtung von Bauwerken oder Fabrikationsanlagen der Fall ist (vgl. die Beispiele in IAS 23.6, IAS 23.20 ff.). Durch die IAS wird der *beträchtliche Zeitraum* nicht bestimmt. Vgl. auch Fußnote 12.

Des Weiteren ist im Anhang über die **Annahmen des Managements** hinsichtlich der **zukünftigen Entwicklung der Unternehmung** und über **Bewertungsunsicherheiten** zu berichten (IAS 1.116 ff.). So ist nach IAS 1.120 anzugeben:
- die Art der Annahme oder der sonstigen Schätzungsunsicherheiten,
- die Sensitivität der Buchwerte hinsichtlich der getroffenen Annahmen und Schätzungen,
- der vermutete Ausgang der Unsicherheiten und der Umfang möglicher Anpassungen der Buchwerte der betroffenen Vermögenswerte und Schulden sowie
- eine Erklärung über Veränderungen der bisher getroffenen Annahmen und Schätzungen, sofern die Unsicherheiten weiter fortbestehen.

Der handelsrechtliche Anhang wird abschließend durch die §§ 284, 285 HGB geregelt. Diese Konzentration ist den IFRS/IAS fremd. Die Angabepflichten ergeben sich aus den einzelnen IAS 1-41 und IFRS 1-7. Sie wurden bei Abhandlung der einzelnen Sachverhalte in den vorhergehenden Kapiteln gezeigt. Insofern soll an dieser Stelle nicht noch einmal auf die Anhangangaben im Einzelnen eingegangen werden.

Unabhängig von den Angabepflichten, die sich aus den einzelnen Standards ergeben, sind weitere immer dann notwendig, wenn dies für das Verständnis bei den Bilanzadressaten erforderlich ist.

Für alle (deutschen) Unternehmen, die nach IFRS/IAS bilanzieren, ergeben sich durch § 315a Abs. 1 HGB noch zusätzliche Anhangangaben:
- Anteilsbesitz,
- Angabe von Name und Sitz sowie Beteiligungsanteile von Tochterunternehmen, assoziierten Unternehmen und Gemeinschaftsunternehmen (§ 313 Abs. 2-4 HGB),
- Durchschnittliche Zahl der Arbeitnehmer und Angabe des Personalaufwandes, sofern nicht schon in der GuV ausgewiesen (§ 314 Abs. 1 Nr. 4 HGB),
- Organbezüge, sofern nicht schon nach IAS 24.16 offengelegt (§ 314 Abs. 1 Nr. 6 HGB),
- Entsprechenserklärung zum Corporate Governance Kodex gemäß § 161 AktG (§ 314 Abs. 1 Nr. 8 HGB),
- Honorar des Abschlussprüfers (§ 314 Abs. 1 Nr. 9 HGB).

Zusammenfassung
Der IFRS/IAS-Anhang hat ebenso wie der HGB-Anhang primär eine **Informationsfunktion**. Hieraus lässt sich die Erläuterungs-, Entlastungs- und Ergänzungsfunktion ableiten. Im Gegensatz zum HGB-Anhang hat der IFRS/IAS-Anhang eine erheblich umfassendere Erläuterungsfunktion. Die Umfänge der einzelnen Pflichtangaben zu den Grundlagen der Abschlusserstellung, der Bilanzierung und Bewertung sowie der sonstigen Angabepflichten sind durch die einzelnen IFRS/IAS weitreichender bestimmt als im Handelsrecht. Der Jahresabschlussadressat soll durch diese umfangreichen Informationen einen bestmöglichen Einblick in die tatsächlichen Verhältnisse der Vermögens-, Finanz- und Ertragslage der Gesellschaft erhalten und in der Lage sein, die Veränderungen im Zeitablauf nachvollziehen bzw. verstehen zu können.

Fragen und Lösungen
1. Welche Aufgabe erfüllt der Anhang als Bestandteil des IFRS/IAS-Jahresabschlusses?
   Der Anhang soll den Jahresabschlusslesern als Informationsinstrument dienen. So sind in ihm die angewandten Bilanzierungs- und Bewertungsmethoden anzugeben, erläuternde Angaben zu Bilanz und GuV, wodurch ein wertorientierter Einblick in die Vermögens-, Finanz- und Ertragslage der Unternehmung sowie ihren Veränderungen im Zeitablauf gezeigt werden soll. Die Informationsvermittlung des IFRS/IAS-Anhangs ist im Vergleich zum handelsrechtlichen Anhang erheblich umfangreicher.

14 Zwischenberichterstattung

Ein Zwischenbericht ist ein Finanzbericht, der einen vollständigen oder verkürzten Abschluss einschließlich erläuternder Anhangangaben für eine Zwischenberichtsperiode beinhaltet (IAS 34.4). Durch ihn soll eine **Aktualisierung** des letzten Abschlusses erfolgen. Dementsprechend wird sich auf die Darstellung neuer Aktivitäten, Ereignisse und Umstände konzentriert. Eine Wiederholung bereits berichteter Informationen erfolgt deshalb nicht (IAS 34.6).

IAS 34 gibt den Unternehmen, die zur Zwischenberichterstattung verpflichtet sind, weder den Zeitraum noch die Anzahl der Zwischenberichterstattungen in einem Geschäftsjahr vor. Dies soll durch die nationalen landes- oder börsenspezifischen Vorschriften bestimmt werden. In der Bundesrepublik Deutschland haben alle Unternehmen, deren Aktien im amtlichen Handel notiert sind, einen **Halbjahresbericht** zu erstellen[135]. Sofern die Papiere in den Marktsegmenten Geregelter Markt und Freiverkehr gehandelt werden, sind sie nicht zur Zwischenberichterstattung verpflichtet. Unabhängig hiervon können Unternehmen aber freiwillig eine Zwischenberichterstattung vornehmen. Wird sie vorgenommen, ist IAS 34 zwingend zu beachten.

Die **Mindestbestandteile** des Zwischenberichts werden durch IAS 34.8 bestimmt und zwar:
- Verkürzte Bilanz
- Verkürzte Gewinn- und Verlustrechnung
- Ergebnis je Aktie
- Verkürzter Eigenkapitalspiegel
- Verkürzte Kapitalflussrechnung
- Ausgewählte erläuternde Anhangangaben

Zur Zwischenberichterstattung verpflichtete Unternehmen können auch freiwillig einen „vollständigen" Zwischenabschluss veröffentlichen. Da dies jedoch aufwendiger als eine gekürzte Erstellung ist, ist in der Praxis regelmäßig die zusammengefasste Darstellung vorzufinden.

Die zusammengefasste (verkürzte) **Bilanz** enthält die Zahlen zum Zwischenberichtsstichtag und als Vergleich die Zahlen zum Ende des letzten Geschäftsjahres (IAS 34.20). IAS 34.10 bestimmt als zusammenfassende Darstellung, dass zumindest die Überschriften und Zwischensummen des letzten, in Einklang mit dem nach IFRS/IAS erstellten Jahresabschlusses

---

[135] Vgl. § 44 b Abs. 1 Börsenzulassungsgesetz.

veröffentlicht werden. Mithin also die Hauptposten (immaterielle Vermögenswerte, Sachanlagevermögen …) und keine weiteren Untergliederungen bzw. Unterteilungen der einzelnen Hauptposten.

Ebenso sind bei der Wiedergabe der verkürzten **GuV** nur die Hauptposten zu veröffentlichen. Die GuV wird nur für den Zeitraum der Zwischenberichterstattung erstellt. Zusätzlich ist gemäß IAS 34.11 das unverwässerte und ggf. das verwässerte **Ergebnis je Aktie** der Zwischenberichtsperiode anzugeben. Ebenso sind für GuV und Ergebnis je Aktie die Vorjahreszahlen für den Zeitraum der Zwischenberichterstattung anzugeben (IAS 34.20).

Bei der **Kapitalflussrechnung** wird ebenfalls der Zeitraum vom Beginn des aktuellen Geschäftsjahres bis zum Zwischenberichtsstichtag berücksichtigt. Auch hier ist als Vergleichsperiode der entsprechende Zeitraum des Vorjahres anzugeben (IAS 34.20). Zu veröffentlichen sind zumindest der Cash flow aus laufender Geschäftstätigkeit, aus Investitions- und Finanzierungstätigkeit sowie die Finanzmittelbestände zu Beginn und Ende des Berichtszeitraums. Auf weitere Rechenbestandteile muss nicht eingegangen werden.

Die **Eigenkapitalveränderungsrechnung** wird für den Zeitraum vom Beginn des aktuellen Geschäftsjahres bis zum Zwischenberichtstermin erstellt. Als Vergleichsperiode ist wiederum der entsprechende Zeitraum des Vorjahres anzugeben (IAS 34.20).

Bei der Zwischenberichterstattung sind die gleichen Bilanzierungs- und Bewertungsmethoden wie beim letzten Abschluss anzuwenden. Sofern zwischenzeitliche Änderungen eingetreten sind, ist hierüber eine Beschreibung der Art sowie die Auswirkungen der Änderungen anzugeben.

Für alle Informationsinstrumente der Zwischenberichterstattung gilt, dass zusätzliche Aufgliederungen vorzunehmen sind, sofern ihr Unterlassen beim Abschlussleser zu einer Fehlinterpretation der Sachverhalte führen könnte. Hierbei stehen aber nur solche Veränderungen im Vordergrund, die sich seit dem letzten vorgelegten vollständigen (ganzjährigen) IFRS/IAS-Abschluss ergeben haben (IAS 34.6).

Durch IAS 34.16 wird bestimmt, dass in der Zwischenberichterstattung insgesamt 10 Pflichtangaben im **Anhang** zu liefern sind, sofern diese Informationen nicht bereits an anderer Stelle des Zwischenberichts verfügbar sind. Im Einzelnen ist einzugehen auf:
- Bilanzierungs- und Bewertungsmethoden
- Saison- oder Konjunktureinflüsse
- ungewöhnliche Geschäftsvorfälle
- Änderungen von Schätzungen
- Emissionen, Rückkäufe und Rückzahlungen von Schuldverschreibungen oder Eigenkapitaltiteln
- gezahlte Dividenden
- Segmenterträge und -ergebnisse
- Ereignisse nach dem Zwischenberichtsstichtag
- Änderungen in der Unternehmens-/ Konzernstruktur
- Eventualschulden und -forderungen

14 Zwischenberichterstattung

Die Zielsetzung einer mit nach IAS 34 vorgenommenen Zwischenberichterstattung (interim financial reports) ist, den Abschlussadressaten **zeitnahe Informationen** für ihre Entscheidungsfindung zur Verfügung zu stellen. Unterjährige Entwicklungen werden dem Bilanzadressaten möglicherweise bei einer jährlichen Rechnungslegung zu spät bekannt, um noch angemessen reagieren zu können.

Zusammenfassung

Ein Gebot zur Veröffentlichung von Zwischenberichten leitet sich aus nationalem Recht ab; IAS 34 empfiehlt nur eine Zwischenberichterstattung. Sofern Zwischenberichterstattungen vorgenommen werden, sind sie bei börsennotierten Unternehmen zwingend unter Beachtung von IAS 34 vorzunehmen.

Mit der Zwischenberichterstattung wird das Ziel verfolgt, die im letzten Jahresabschluss veröffentlichten Informationen zu aktualisieren.

Im Rahmen der Zwischenberichterstattung reichen zusammenfassende Angaben über Bilanz, GuV, Eigenkapitalveränderungsrechnung, Kapitalflussrechnung, Ergebnis je Aktie sowie ausgewählte erläuternde Anhangangaben aus.

Die einzelnen Instrumente der Zwischenberichterstattung sind unter Berücksichtigung der gleichen Bilanzierungs- und Bewertungsmethoden zu erstellen wie im Jahresabschluss selbst. IAS 34 empfiehlt innerhalb von 60 Tagen nach Ablauf der Zwischenberichtsperiode den Zwischenbericht zu veröffentlichen.

Fragen und Lösungen

1. Welche Aufgabe hat eine Zwischenberichterstattung?
   Durch eine Zwischenberichterstattung erfolgt eine Aktualisierung des letzten Jahresabschlusses.

2. Aus welchen Bestandteilen besteht eine Zwischenberichterstattung?
   Bilanz, GuV, Ergebnis je Aktie, Eigenkapitalspiegel, Kapitalflussrechnung sowie ausgewählte erläuternde Anhangangaben. Für die Darstellung von Bilanz, GuV, Eigenkapitalspiegel und Kapitalflussrechnung kann eine verkürzte Darstellung als Erleichterung gewählt werden, so dass kein vollumfänglicher Abschluss zu erstellen ist.

Literaturverzeichnis

Ammann, Helmut/ Müller, Stefan: IFRS – International Financial Reporting Standards, 2. Auflage, Verlag Neue Wirtschafts-Briefe, Herne/ Berlin 2004

Baetge, Jörg/ Kirsch, Hans-Jürgen/ Thiele, Stefan: Bilanzanalyse, 2. Auflage, IDW Verlag, Düsseldorf 2004

Beck'sches Steuerberater-Handbuch 2004/2005

Bohl, Werner/ Riese, Joachim/ Schlüter, Jörg: Beck´sches IFRS-Handbuch, 1. und 2. Auflage, München 2004 und 2006

Buchholz, Rainer: Grundzüge des Jahresabschlusses nach HGB und IFRS, 2. Auflage, Verlag Franz Vahlen, München 2004

Buchholz, Rainer: Internationale Rechnungslegung, 3. Auflage, Erich Schmidt Verlag, Berlin 2003

Burger, Anton/ Ulbrich, Philipp/ Knoblauch, Jens: Zur Reform der Bilanzierung von Forschungs- und Entwicklungsaufwendungen nach IAS 38, in: KoR 12/2006, S. 729-737

Ditges, Johannes/ Arendt, Uwe: Internationale Rechnungslegung nach IFRS, 1. und 2. Auflage, Friedrich Kiehl Verlag, Ludwigshafen 2004 und 2006

Ditges, Johannes/ Arendt, Uwe: Kompakt-Training. Internationale Rechnungslegung nach IFRS, 2. Auflage, Friedrich Kiehl Verlag, Ludwigshafen 2004

Ernsting, Ingo/ von Keitz, Isabel: Bilanzierung von Rückstellungen nach IAS 37 – eine kritische Analyse des neuen Standards sowie ein Vergleich zu IAS 10, Der Betrieb 1998, S. 2477-2484

Grünberger David/ Grünberger Herbert: Ein systematischer Praxis-Leitfaden, 3. Auflage, Verlag Neue Wirtschafts-Briefe, Herne/ Berlin 2002

Hayn, Sven: IFRS/IAS - Immaterielle Vermögenswerte (einschließlich Goodwill), Euroforum Verlag, Düsseldorf 2004

Gerold Heizmann: Einführung in die IFRS/IAS- Rechnungslegung, Beilage 1/2000, Steuer & Studium

Kirsch, Hanno: Einführung in die internationale Rechnungslegung nach IFRS, 2. und 3. Auflage, Verlag Neue Wirtschafts-Briefe, Herne/ Berlin 2005 und 2006

Kirsch, Hanno: Konzeption der Gewinn- und Verlustrechnung nach HGB und IFRS, in: Steuern und Bilanzen (StuB), Heft 17 vom 08.09.2006, S. 651 - 657

Krawitz, Norbert/ Hartmann, Christina: Aktueller handelsrechtlicher Lage- und Konzernlagebericht im Rahmen eines IAS/IFRS-Abschlusses, in: WPg, Heft 20/2006 vom 15.10.2006, S. 1262-1270

Küting, Karlheinz: Auf der Suche nach dem richtigen Gewinn, in: Der Betrieb, Heft 27/28 vom 14.07.2006, S. 1441 - 1450

Lüdenbach, Norbert/ Hoffmann, Wolf-Dieter: IFRS/IAS Praxis Kommentar, 2. Auflage, Rudolf Haufe Verlag, Freiburg 2004

Pawelzki, Kai Udo: Eigenkapitalveränderungsrechnung, Kapitalflussrechnung, Segmentberichterstattung, Euroforum, Düsseldorf 2004

Pellens, Bernhard/ Fülbier, Rolf Uwe/ Gassen, Joachim: Internationale Rechnungslegung, 5. Auflage, Schäffer-Poeschel Verlag, Stuttgart 2004

Sorgenfrei, Ulrich: „Bilanz"-Strafrecht und IFRS, in: Praxis der internationalen Rechnungslegung (PiR), 3/2006, S. 38-42

Tanski, Joachim: Internationale Rechnungslegungsstandards, 1. Auflage, Deutscher Taschenbuch Verlag, München 2002

Wiechers, Klaus: Der Anhang als Teil des Jahresabschlusses – Checkliste für die Aufstellung –, in: BBK Nr. 4 vom 20.2.2004, S. 155-162

Zülch, Henning: Die Gliederung einer IFRS-Bilanz, in: BBK Nr. 18 vom 16.9.2005, S. 857-870

Zülch, Henning: IFRS/IAS – Einführung IAS, Euroforum Verlag, Düsseldorf 2004

Stichwortverzeichnis

A

abgegrenzte Schulden 84, 88
Abschreibungsmethode 22
Anhang 31, 135, 140
Anschaffungs- und Herstellungskosten 19, 28, 49, 51, 72, 135
Anzahlungen 71
Aufwendungen für die Ingangsetzung und Erweiterung des Geschäftsbetriebes 44
außerplanmäßige Abschreibung 24, 25, 54

B

Barwert 21, 26
Basisgrundsätze 11
beizulegenden Zeitwert 69, 77
berichtspflichtige Segmente 113
Bewertungsgrundsätze 19
Bilanz 31, 34, 139
Bilanzierungsfähigkeit 37
Bruttoprinzip 103
Bundesanstalt für Finanzdienstleistungsaufsicht 9

C

Cash flow 26, 127, 128, 129, 130
cash generating units 26

E

Eigenkapital 81, 94
Eigenkapitalveränderungsrechnung 31, 105, 140
Einzahlungsüberschüsse 8
Enforcement 9
entscheidungsnützliche Informationen 8, 12
Equity-Beteiligungen 57
Ergebnis je Aktie 119
erzielbare Betrag 23, 24, 28, 43
Eventualschulden 93

F

Fertigungsaufträge 74
Festwerten 47
Finanzanlagen 57
finanzielle Verbindlichkeiten 84, 86
finanzielle Vermögenswerte 76
Finanzinstrumente 76
Finanzmittelfond 127
Firmen- und Geschäftswert 44
Fondsveränderungsrechnung 127, 131
Forderungen 76
Forschungs- und Entwicklungsaufwendungen 45
fortgeführte Anschaffungs- und Herstellungskosten 42, 69
Framework 4, 7, 19, 71

G

geografisches Segment 112
geringwertige Wirtschaftsgüter 46
Geschäftssegment 112
Gewinn- und Verlustrechnung 31, 99, 140
Gläubigerschutz 2
Grundsatz der Unternehmensfortführung 11
Gruppenbildung 47

H

Halbjahresbericht 139

I

IAS 5
IASB 3
IASC 3

IFRIC 4
IFRS 5
immaterielle Vermögenswerte 40
Impairment-Test 24, 25

K
Kapitalerhaltungszweck 1
Kapitalflussrechnung 31, 127, 140
kapitalmarktorientierte Rechnungslegung 1
kapitalmarktorientierte Unternehmen 8
Kapitalmarktorientierung 8
Komponentenansatz 48, 49

L
Lagebericht 31
Leasing 64

N
Nettoveräußerungswert 72
Neubewertungsmethode 25, 28, 42, 51
Neubewertungsrücklage 25, 51, 54, 96
Nutzungsdauer 21, 42, 43
Nutzungswert 26

P
periodengerechte Erfolgsabgrenzung 11
Primäranforderungen 11, 12, 15
primären Berichtsformat 114

Q
qualitative Anforderungen 11

R
Relevanz 12
Rückstellungen 83, 84

S
Sachanlagen 46
Schulden 81

Segmentberichterstattung 31, 111
Sekundäranforderungen 12, 13
sekundäre Berichtsformat 115
sonstige Schulden 84
sonstige Verbindlichkeiten 84, 88
sonstigen Finanzanlagen 61
Standards 4, 5, 19
steuerliche Abschreibungen 23

T
Tageswert 20, 135

U
Unternehmensfortführungsprämisse 11
unverwässerte Ergebnis je Aktie 121
Ursachenrechnung 127, 131

V
Veräußerungswert 20
Verbindlichkeiten 83, 86
Vergleichbarkeit 12
Verlässlichkeit 12
Vermögenswerte 37
Verständlichkeit 12
verwässerte Ergebnis je Aktie 122, 125
Vorräte 70

W
Wertaufholung 23, 28
Wertminderung 23
Wertminderungsaufwand 24
Wertminderungstest 24, 50

Z
zahlungsmittelgenerierende Einheit 26, 28
Zwischenbericht 139